跨文化视域下的英语翻译策略多维度研究

刘文军◎著

吉林人民出版社

图书在版编目（CIP）数据

跨文化视域下的英语翻译策略多维度研究 / 刘文军著. -- 长春：吉林人民出版社，2023.11
ISBN 978-7-206-20772-3

Ⅰ.①跨… Ⅱ.①刘… Ⅲ.①英语—翻译—研究 Ⅳ.①H315.9

中国国家版本馆CIP数据核字（2023）第246120号

责任编辑：韩立明
封面设计：清　风

跨文化视域下的英语翻译策略多维度研究
KUAWENHUA SHIYU XIA DE YINGYU FANYICELÜE DUOWEIDU YANJIU

著　　者：刘文军
出版发行：吉林人民出版社（长春市人民大街7548号 邮政编码：130022）
印　　刷：北京亚吉飞数码科技有限公司
开　　本：787mm×1092mm　1/16
印　　张：12.75　　　　　　字　　数：230千字
标准书号：ISBN 978-7-206-20772-3
版　　次：2024年6月第1版　　印　　次：2024年6月第1次印刷
定　　价：79.00元

如发现印装质量问题，影响阅读，请与出版社联系调换。

作者简介

  刘文军,男,1970年12月出生,2005年研究生毕业,硕士,自毕业后一直就职于山东临沂大学外国语学院,致力于二语习得和跨文化研究。

前　言

　　随着世界经济、文化一体化进程的加速推进以及中国综合国力的日渐增强，我国与世界各国经济交流、文化互动、人员流动等内容越来越频繁。翻译成为各国文化沟通和交流过程中必不可少的一个重要环节。翻译可以说"自古以来"就有，自从人类开始族际、国际互动，由于语言不通，必然就有了对翻译的需求。但如果仅仅把翻译看作是两种语言之间的、传统意义上的、静止的、纯语言的代码转换，那就大错特错了，而必须将其置于特定的社会文化背景来审视和考察，这就是源自20世纪80年代以来的，在翻译研究中提出的"文化转向"。

　　语言是文化的载体也是文化的代码和符号，同时又是文化的一部分。语言和文化的关系，就好比镜子和影子的关系，不同民族的语言反映和记录了不同民族特定的文化。因此，要想了解一个民族的文化，就要了解其语言，语言就是开始民族文化的一把"钥匙"；同时，文化又是语言的"标的"，没有文化，语言也就成了"无的之矢"。

　　语言和文化的关系如此紧密，因此，在翻译实践中，必须在注重语言转换的同时，还要做好其背后"文化"的转换。鉴于此，笔者撰写了本书，希望对跨文化背景下的翻译研究有所裨益。

　　本书共八章，从跨文化的视角出发，对英语翻译策略进行了具体探究，在介绍文化、语言交际以及跨文化交际内涵的基础上，揭示了文化与语言、翻译之间的相互关系；指出了跨文化视角在英语翻译中的转换意义以及跨文化翻译研究崛起的现实意义；探讨了跨文化视域下英语语言、英汉文化的翻译；通过具体的例子阐明了跨文化视域下商务英语翻译、新闻英语翻译、英语文学翻译的翻译策略。本书在撰写的过程中参阅了大量有关英语翻译相关的著作及论文，但由于时间仓促，作者水平有限，故书中难免会有疏漏或不当之处，敬请广大专家学者和读者不吝指正，以便本书日后的修改与完善。

目 录

第一章 基于语言文化的角度看翻译 ……………………………… 001
    第一节 语言、文化与翻译概述 ……………………………… 001
    第二节 跨文化交际的内涵 …………………………………… 012
    第三节 中西文化差异及其对翻译的影响 …………………… 017
    第四节 文化与异化、归化 …………………………………… 028

第二章 跨文化翻译与文化对比研究 …………………………… 038
    第一节 文化与语言、翻译的关系问题 ……………………… 038
    第二节 语言文化对比研究 …………………………………… 046
    第三节 文化与翻译对比研究 ………………………………… 048
    第四节 文化翻译的原则与策略 ……………………………… 055

第三章 跨文化视域下的翻译研究 ……………………………… 059
    第一节 翻译研究与跨文化交际 ……………………………… 059
    第二节 翻译研究的文化途径 ………………………………… 064
    第三节 跨文化视角转换的原因 ……………………………… 073
    第四节 从跨文化视角看翻译的类型和方法 ………………… 078

第四章 跨文化视域下英语语言的翻译 ………………………… 095
    第一节 英语词汇的翻译 ……………………………………… 095
    第二节 英语句式的翻译 ……………………………………… 103
    第三节 英语篇章的翻译 ……………………………………… 111
    第四节 英语修辞的翻译 ……………………………………… 115

第五章　跨文化视域下英汉文化的翻译 ················· 123
第一节　英汉饮食文化翻译 ····················· 123
第二节　英汉服饰文化翻译 ····················· 127
第三节　英汉习俗文化翻译 ····················· 132
第四节　英汉习语、典故文化翻译 ··················· 138

第六章　跨文化视域下的商务英语翻译策略 ··············· 151
第一节　商务英语翻译的重要性与标准 ················· 151
第二节　商务英语翻译的语言特征 ··················· 155
第三节　跨文化语境下影响商务英语翻译的主要因素 ············ 160
第四节　跨文化语境下商务英语的翻译策略 ··············· 161

第七章　跨文化视域下的新闻英语翻译策略 ··············· 166
第一节　新闻英语翻译概述 ····················· 166
第二节　新闻英语词汇翻译与语法翻译 ················· 168
第三节　新闻英语语篇与修辞翻译 ··················· 173
第四节　跨文化语境下新闻英语翻译的策略 ··············· 179

第八章　跨文化视域下的英语文学翻译策略 ··············· 182
第一节　文学翻译的价值与标准 ···················· 182
第二节　英语文学翻译中的文化传递 ·················· 186
第三节　英语文学翻译中的文化缺陷 ·················· 188

参考文献 ··························· 193

第一章 基于语言文化的角度看翻译

交通和通信技术的飞速发展、全球化的日益加深，使跨文化交际不但成为可能，更成为现实。翻译作为实现文化交流的一种重要途径，是不同民族之间文化交流与互动不可或缺的一部分①。毕竟离开翻译谈论跨文化交流，是件不可思议的事情。

不论作为一种文化现象，还是一种职业，翻译都与时代背景密不可分。基于目前对外介绍中国及外界进一步了解中国的现实迫切需要，不可避免地对翻译的发展提出了更高的要求。翻译可以看成是两个不同语言之间的相互转换，它是根据情境需要把一种语言文字的意义转换成另外一种语言文字的活动；但如果仅仅把翻译看成是两种语言之间的转化，而不顾及特定语言、特定的文化内涵，则会对翻译造成不可估量的损失。因为任何一种语言都不可避免地包含着特定的文化内涵。

因此，不管是从文化的视角，还是从翻译本身发展的需要来看，要想对英语翻译进行多角度探究，掌握翻译过程中有关文化现象的翻译方法和翻译技巧，需要先深入研究语言及其文化问题。

第一节 语言、文化与翻译概述

先有语言，后有文化。语言是文化传播的载体，而文化则借助语言进行广泛而有效的传播，"没有一种语言不是植根于某种具体的文化之中的；也没有一种文化不是以某种自然语言的结构为中心的。"二者的关系

---

① 刘文军. 跨文化交际及其人才培养策略［M］. 长春：吉林人民出版社，2022：3-4.

密不可分。但文化在不同的国家或民族之间传播时，语言需要进行一定形式上的转换，也就是通过语言符号之间的互相转换，才能保证传播内容的完整性与正确性。承担这项转换任务的就是翻译，而它同时也肩负着文化交流的重任。

语言与文化既各自独立、自成体系，又相互制约。如果想要全面、深入地了解一种语言，仅仅把它作为一个单独的系统来研究是不够全面的，还需要把它放在语言与文化构成的框架中进行考察。因为语言是文化交流的一种媒介，而翻译为跨文化交流架起一座桥梁。

本章将以语言、文化和翻译为切入点，论述中西方文化差异对翻译产生的影响，对英汉语言文化的解析以及文化的异化、归化。

一、语言概述

语言学界至今还没有对语言做出一个清晰而统一的定义，因为不同的时代与不同的学派对语言持有不同的看法。一般来说，语言是人类在交际和思维过程中形成的一种最重要符号系统。但是，其他动物如蜜蜂、海豚、黑猩猩等，也都有属于自己的交际手段。但是大多数的研究报告表明，这些动物并没有产生像人类这样的语言符号系统，语言是人类社会所特有的现象。人类可以使用多种工具进行思维和交际，但语言这个工具却是人类生产、生活中最重要的交际工具[①]。

语言是人类所特有的一种交流手段和工具，是在外界刺激下产生的第二信号系统的反射。美国当代语言学家霍凯特就提出了人类语言不同于动物交流的几种区别性特征。具体表现在以下几个方面：

1. 任意性和约定性

语言的任意性和约定性是指语言符号与它所指代的对象的关系具有任意性和约定性。比如：水，中文普通话发音"shui"（三声）但在各地方言中还有"sui""fei""sui"等各种发音；英语为"water"，法语为"eau"。

---

① 余娟. 从语言学习到文化理解［D］. 武汉：华中师范大学，2011：14.

可见，就本质上来说，水的各种读音和水是没有必然的联系的，而是各个民族、种族在生产生活中根据具体情况约定的，具有任意性。也就是说，如果我们的先祖当时约定"水"发"石（shi）"音，那现在普通话里水的发音就是"石"。更具体地说，就是我们用语言将世界切分成一个一个的语言要素，把事物（概念）和词语（声音、形象等）结合在一起，并在这个语言世界范围内进行思考。毕竟在任何一个语言系统中，能够进行解释的，亦称有理有据的声音与意义的关系的现象总是以少数的形式存在。

2. 创造性

语言的创造性来自语言的任意性和约定性，说话者可以根据现有的语言单位和语言规则理解和创造出无限多的概念和句子，比如中文里面的"车"字，我们可以在其前面加上修饰词，造出"汽车""火车""货车""电车""动车""三轮车""四轮车"等各种词语。

3. 民族性

语言的民族性是指各民族、种族在长期的生产生活中对民族习性、民族文化、生活方式、审美情趣等内容在语言中的反映。比如英文"brother, sister"只分男女，没有区分长幼，而汉语不但区分了男女，还严格区分了长幼、大小，比如："哥哥、弟弟、姐姐、妹妹"。更让我们中国人难以理解的是英文中的两个单词——"uncle, aunt"，单词只是区分了男女，没有区分长幼，更没有区分父系母系。而汉语对爸爸的兄弟姐妹的称呼是"伯伯、叔叔、姑姑"，而对妈妈的兄弟姐妹的称呼则是"舅舅、妈妈"。

二、文化概述

（一）文化的定义

早在20世纪初，国内学术界就对文化做出了不同的界定，例如，梁漱溟认为，"文化是生活的样法。""文化，就是吾人生活所依靠的一切。"在他看来，文化包括了经济政治等。而陈独秀的定义显然比梁漱溟的狭窄得多，他认为，文化仅仅包含"文学、美术、音乐、哲学、科学这一类的事。"①

《现代汉语词典》在"文化"词条下有三个义项：1）文化是"人类在社会历史发展过程中所创造的物质和精神财富的总和，特指精神财富，如哲学、科学、教育、文学、艺术等"；2）考古学用语，指同一个历史时期的不依分布地点为转移的遗迹、遗物的综合体；3）运用文字的能力和一般知识。我们只选择对我们的讨论有意义的第一个义项讨论。总的看来，第一个义项基本上是梁漱溟和陈独秀两个人看法的综合，也符合20世纪80年代以后关于文化定义讨论的大致趋向。文化有广义和狭义之分，广义的文化指人类在生产实践中不断地认识自然、改造自然及自身以适应自然和社会而创造的物质和精神财富；狭义的文化指的是在社会意识形态层面上，一定范围内的社会群体中所创造的精神成果，包括共性的价值观、行为准则和行为方式，也就是为集体所接受的共同标准②。

在西方，雷蒙德威廉斯（Raymond Williams）在解释"culture"这个词时，认为其主要有三个范畴：1）用以描述才智、精神、艺术发展的一般过程；2）描述不同时期、不同民族或群体，或整个人类的一种生活方式；3）用以描述智力，特别是艺术活动的实践和成果。

爱德华·泰勒（Edward Tylor）则强调知识、习俗、道德、法律、习惯信仰、艺术等精神层面的东西。他认为，"文化或文明是包括知识、信仰、艺术、道德、法律、习俗以及作为社会成员的个人而获得的其他任何能力、习惯在内的一种综合体。"

根据以上多种文化的定义，我们可以得出以下文化的定义：

（1）文化是人们在长期的生产生活实践中所创造出来的，不是天生就有的，而是人类社会的遗产。

（2）文化既包括实物和器具等物质财富，也包括理想、信念、价值观念等精神财富。

（3）文化为特定人群提供行动指南和解决问题的方法。

---

① 胡文仲. 跨文化交际学概论 [M]. 北京：外语教学与研究出版社，1999：28.
② 刘文军. 跨文化交际及其人才培养策略 [M]. 长春：吉林人民出版社，2022：2.

（4）价值观是文化的核心，可以用来区分不同的文化。

（二）文化的类型划分

通常情况下，文化研究者会从不同的视角，对文化的内容、结构等方面进行不同的划分。

1. 根据文化的概念范畴来分类

（1）广义的文化。从广义上说，文化指的是人类在社会历史发展过程中所创造的物质与精神财富的总和。

（2）狭义的文化。从狭义上说，文化只包括文学、教育、艺术、哲学、科学等精神层面的东西。

2. 根据文化的内部结构来分类

（1）物态文化。物态文化，又称为物质文化，它是人类在长期的生产和生活实践过程中所形成的一切物质生产活动及其产品的总和。

（2）制度文化。制度文化可以说是人类在物质生产过程中形成的各种社会关系的总和。制度文化是协调与规范、调整人和人之间、人与社会之间、人与自然之间行为的安排，因此又可以称为调适性文化。

（3）行为文化。行为文化是指人类具体的生活方式、行为、态度、价值观等。它由价值取向、行为方式和行为环境三个要素构成。其中，价值取向是行为文化的核心，行为方式是行为文化的表现，行为环境则是行为文化生长的土壤。

（4）心态文化。心态文化是指在人类长期的社会实践和意识活动中经过归纳、整理、沉淀、加工和升华而形成的社会意识的总和。它包括价值观念、思维方式、审美情趣等，是文化的核心部分。

文化与人类的生产、生活相互交织在一起，而作为服务于生产、生活的语言翻译，自然也就离不开文化。作为一种跨文化交际活动，在翻译活动的过程中可能会涉及世界各地的各种文化，其中包括应用于生产、生活的各种物质和精神结果，比如生产工具、饮食、服饰、家居、建筑、雕塑、人文景观、绘画、舞蹈、音乐、体育、思维方式、价值观念、宗教信仰、神话传说、伦理道德、法律法规、典章制度、风俗习惯、科技、文学、教育、历史等。

(三)文化的特性

一般来说,文化具有以下几个特征:

1. 传承性

文化是一个群体所共享的信息集合,在这个群体生活的个体不可避免地受这种文化的熏陶和影响。也就是说,人一生下来,就开始了社会化过程,也就是学习和继承文化的过程。文化不仅帮助人们认识社会,而且也能为社会结构和社会生活提供蓝图,使个体的行为社会化、系统化。这个过程是在前人创造的文化基础上并以此作为起点向前迈进的。新的一代人,根据时代的需要,对原有文化采取"扬弃"的态度,继承其先进合理的积极因素,批判过时的消极因素,向前推进文化的发展并因此而促进社会的进步。

2. 民族性

根据前文所述,文化是每个特定的社会群体在特定地域、特定时间所创造的、绝大多数成员共同接受和享有的一系列的行为规范,比如:共同的语言、共同的习俗和风俗等。还包括大多数成员都会具有的心理素质和心理偏好等。

3. 符号性

人们运用具体的符号表示具体事物或是抽象概念。像六角星在一种文化中代表着神圣,但在另外一种文化中则有可能代表着异教和对神灵的亵渎。

4. 稳定性和变化性

一般来说,世界上各种文化都具有一定的稳定性,它们包括相对稳定的语言、道德规范、世界观和价值观等。如果没有这些稳定的文化构成部分,一个民族也就不能称其为特定民族。这些稳定的文化因素,可以让一个民族在面对外部文化的冲击时保持自身内部稳定和平衡,并通过吸收、容纳外来文化从而同化外来文化,比如中华民族之所以屹立东方五千年不倒,其稳定的儒家文化、大一统的思想就起了很大的作用。

文化是人类在生产、生活的社会实践中创造的,它自然会随着人们具体生产生活的变化而变化。以中国古代对女性美的评价标准为例:"楚王爱细腰，宫中多饿死"，说的是春秋时期楚国楚灵王以"瘦"为美，从而造成楚宫中妃嫔以"瘦"为美的"文化"；而到了唐代，作为盛唐气象的一个文化符号，"丰腴"则成了评判美女的一种标准；食品短缺时代，吃饱饭可能是人们的一种最高诉求，人们在打招呼时就会用"吃了吗？"表示对他人的关心；而随着社会的进步和发展，人们打招呼时不再使用"吃了吗？""上哪儿？"等表达方式，而是说"忙什么呢？""身体好吗？"等。

（四）文化的功能和作用

文化对社会具有重大的功能，其作用可分为正功能和负功能。正功能体现在文化对社会发展所作出的积极的推动作用；与此相反，负功能则是文化对社会进步起到了阻碍作用。由于篇幅所限，我们主要讨论文化的正功能，主要有以下特征：

1. 文化的认识功能

文化在帮助人们认识社会、确定人生价值上起到重大作用。进步的文化能帮助人们正确地认识社会或对社会采取批判的态度或采取扶植、建设、完善的态度。文化越发展，就越能提高人民的素质，充分发挥个人的主动性和积极性，努力为社会进步作出贡献。

2. 文化的整合功能

文化的发展帮助人们在思想上、行为上趋于一致。生活在同一社会制度下的人们，认识上趋于一致，文化的作用不容小觑。对某一社会问题，大多数成员能取得一致看法，采取一致行动，并努力去解决它，正是这种功能的表现，例如，文明礼貌活动、优质服务、提高职业道德水平等，都与文化的整合作用有关。

3. 文化的改造功能

文化在改造客观世界和人的主观世界方面起了很大作用。自然规律的发现和利用从而达到改造自然的目的，均与文化的传播有关。对社会而言，当某一社会制度正逐渐暴露其腐朽性时，新的文化运动就成为批判旧社会、呼唤新社会诞生的先导；当一个新社会诞生后，先进的文化则能帮助新社会巩固、发展和完善。

4. 文化的发展功能

文化不仅帮助人们认识社会，文化也能为社会结构和社会生活提供蓝图，使社会行为系统化。人一生下来，就进入了社会化过程，也就是学习和继承文化的过程，是在前人创造的文化基础上向前迈进的。新的一代人，根据时代的需要，对原有文化采取"扬弃"的态度，继承其先进合理的积极因素，批判过时的消极因素，向前推进文化的发展并因此而促进社会的进步。

当然，落后文化的腐蚀作用也决不能轻视，要真正消除落后文化的消极影响，就必须利用先进文化的认识、整合和改造功能。

三、翻译概述

翻译既是语言符号之间的转换，更是不同文化之间的融合与交流，是一种文化转换的模式。语言是文化的一个重要组成部分，它是文化的载体和重要表现形式。从文化学的角度看，语言是一种文化现象，更是文化的一种传播方式，而翻译对象——语言总是与文化是密不可分的。因此，文化也对语际有效转换有着极大的影响。译者作为文化交流的使者，文化信息是翻译操作的对象，在翻译时如果忽视了所涉文化的深层含义，或是仅进行语言形式的表层对比、转换，忽视了文化的深层异同的对比、转换，必然会引起信息的误传或造成信息渠道的阻隔或不畅，达不到翻译的基本目的——完成最终的交际需求。

由于政治、经济、文化等交流的日益频繁，文化与翻译的研究也越来越深入，因此文化因素在翻译中所起的作用也逐渐得到人们的重视。不同文化之间的交流愈来愈趋于平等，倾向于目的语文化的归化趋势也得到了很大程度的扭转。这就意味着文化霸权主义受到了巨大的挑战，人们将以更加开放的心态接受外国文化、尊重原语文化；也将更有利于不同文化之间的交流融合，有利于各种不同的文化特色得到充分展示；更进一步促进以翻译为媒介的文化交流，促进翻译研究的良性循环，更好指导翻译实践。

第一章 基于语言文化的角度看翻译

不同的语言能够反映各民族不同的世界观、价值取向、思维方式、风俗习惯和社会制度，因此不同语言与文化间的交际需求促使了翻译的应运而生。翻译的出现不仅让世界各民族之间增加了了解和交流的机会，加强了彼此间的联系，还减少了因隔阂和误会而造成的冲突和痛苦，有利于人类社会的进步和文明的发展。

从翻译活动发展的历史轨迹来看，它几乎与人类的语言一样古老。随着社会的进步发展，语言学及其他相关学科的兴起与发展，翻译研究也从经验杂谈或点评式的只言片语，逐步发展成一门较为科学、系统性的综合性学科。人们对于翻译的认识也逐渐趋于成熟，有关翻译的定义与性质的认识及研究也随之经历了一个逐步完善的过程。

"翻译是运用一种语言把另一种语言所表达的思维内容准确而完整地重新表达出来的语言活动。"[①]但近年来，随着翻译研究领域的不断拓展和大量新理论、新方法的引入，人们越来越倾向于采用跨文化研究的视角与方法对翻译领域的相关内容进行研究。学者们开始质疑，是否翻译必然就是"两种语言形式之间的转换"？[②]

实际上，翻译不仅是两种语言间的转换，更是两种文化的交融与碰撞。语言是文化的载体，而翻译研究的切入点首先面对的就是语言，在当今的"信息时代"或"知识经济时代"，将翻译纳入文化研究的大语境下无疑是最为恰当的。因此，当人们对翻译有了新的认识，翻译也就有了新的内涵，由此可将翻译重新定义为："翻译是译者将一种语言文字所表述的内容，用另外一种语言文字表述出来的文化活动。"[③]文化自身就是一个十分复杂的社会学范畴，它包括知识、文学、艺术、心理、法律、道德、传统风俗、价值观念、社会意识形态、科学教育及社会成员间的交往习惯等。

《辞海》对"文化"的解释为："人类社会历史实践过程中所创造

---

① 曾小清. 略谈翻译中的中西文化比较. 剑南文学（经典教苑）[J]. 2012（02）：142-143.
② 王宁. 全球化时代的文化研究和翻译研究[J]. 2000（01）：10-14.
③ 王宁. 全球化时代的文化研究和翻译研究[J]. 2000（01）：10-14.

的物质财富和精神财富的总和。"翻译本身也是一种跨文化活动,它是因政治、经济、文化交流的需要而产生的,也是文化交流得以继续进行的工具。翻译的结果对文化的发展起了促进作用;反之,文化交流又对翻译实践和翻译研究起到了推动作用。这种通过翻译进行的交流在文化相互融合的作用下势必会促进新旧思想的交流,而新思想的引入无疑也会推动翻译事业的进一步发展。

西班牙巴塞罗那大学教授皮姆区分了跨文化（cross culture）、多元文化（multiculture）和交互文化（interculture）三者的概念。跨文化指一种文化跨移到另一种文化中;多元文化是指在一个社区或政区中存在着多个民族的文化;而交互文化指的是不同文化间的交叉或重叠。译者所从事的翻译活动即翻译文化,存在于两大文化中的交叉部分,它既非原语文化,也非译语文化,是一种交互文化。译者作为两种文化间的中介,但这并不等同于说译者是文化的中立者,其文化身份与文化取向不可避免地会体现在他的翻译选择和翻译方法等方面①。他可以通过翻译对现存译入语文化予以肯定或否定,并加以强化、变革或颠覆等,其文化价值取向也必然会在其译作中留下痕迹。

近年来,随着翻译文化研究结出累累硕果,足以看出学者们已经对翻译这个跨文化（cross-cultural）、跨社会（cross-social）的特殊文化交流活动给予了更多的关注。20世纪70年代西方出现了翻译研究的"文化转向"（cultural shift或cultural turn）,逐步形成了面向译入语文化的文化学派翻译理论;而翻译研究的译入语文化取向则不可避免地会涉及译者的文化身份、翻译主体等问题,这无疑为人们提供了翻译研究的新视角。由原来的文本作为翻译单位转向以文化作为翻译单位,这种翻译的"文化转向"标志着翻译研究领域的重大变革,为翻译研究开拓了新的空间,具有划时代的重要意义。

在文化转向的大趋势中,强调翻译文化研究的同时,并不能忽视微观层面语言学派的翻译研究,因为语言与文化是紧密相连的关系。因此,翻

---

① 李磊荣. 论民族文化的可译性［D］. 上海：上海外国语大学,2004：11.

译研究一方面应围绕所涉语言的文化渊源、政治、经济、社会、意识形态等文化背景进行，另一方面也应注重语境、语域和语篇结构方面的研究，毕竟语言研究才是翻译研究的本体[①]。

翻译不能只研究文本（即原文文本和译文文本），还应该对文本以外的因素（extratextual factors）进行研究，例如对翻译的目的用途以及译入语社会的文学传统甚至其他社会文化因素也应该有所涉猎。翻译作为一种文化活动（cultural activity）还体现在翻译是一种三元关系，它主要涉及原文作者、译者和译文读者这三种因素。在翻译的过程中，译者如何避免只是纯粹地对两套语言符号进行转换，而真正做到语义信息与文化信息间的转化，的确不是一件容易的事情。

译者首先应与原文作者在思想感情上达成共鸣，将原文信息内容"化"为己有，然后发挥自身的创造性或能动作用，将原文要表达的含义能动地"化"入译语中，并将其"化"入译语读者的心里。因此，这种"化"的过程必须是全面权衡的，并在两种语言文化的对比过程中完成，否则译作不可能转化成为上乘的佳作，而只能是机械转换下生产出来的产品。一般说来，译文读者通常与原文作者处于迥然不同的时代文化和社会背景当中，他们在文化素养、理解水平、兴趣爱好、审美情趣等方面可能相距甚远。因此，译者要充分了解译文读者的需求，在审美期待和接受取向上把握好他们的喜好程度，从而让译文作品能够真正被读者所接受。

原作和译作是作者、译者和读者三者之间进行思想感情交流的工具和载体，但仅从语言转换层面研究作者、译者和译文读者三者之间的关系是远远不够的，应着重研究译者主体在文化交流过程中的重要作用。译者是文化交融的使者，将翻译视作语言层面的转换会抹杀译者的文化功能及作用，也抹杀了译者的主体性作用和创造性功能。但译者发挥主体性和创造性功能的时候必须要适度，关于"度"的把握，重点在于在进行翻译活动的过程中，译者在正确处理所涉语言的言内行为、言外行为以及言后行为的同时，要切实考虑当下社会文化的语境、翻译目的、读者需求等诸多影

[①] 吕俊. 论翻译研究的本体回归［J］. 外国语，2004（04）：53-59.

响因素。总之,必须重视翻译活动中译者主体的主观能动作用这一积极的活动因素。

诚然,翻译所涉及的远不止于语言符号间的过渡。翻译是在特定环境下为达特定目的的信息传递。翻译活动与意识形态、权力结构甚至整个社会文化状况都有着密不可分的关系。翻译的基础不在于呈现语言符号的表达能力,而是人们建构社会关系和进行人际交流的能力。因此翻译的产生来源于它的社会属性,而非来自语言上的差异。因人类构建起了具有特定结构的社会关系,语言的含义便从此有了区分,由此产生了语言隔阂和理解困难等交际问题。因此,翻译成了解决交际困难、实现沟通交际的桥梁。

翻译是以语言为媒介的信息传递活动和社会文化活动,因此翻译的首要任务是追求"信息的对等",但信息的传递是不可能脱离外部社会语言环境的。美国语言学家尤金·A.奈达(Eugene Nida)的功能对等(functional equivalence)或动态对等(dynamic equivalence)理论,以及英国翻译理论家彼得·纽马克(Peter Newmark)的交际(变通)翻译(communicative translation)理论的提出就是基于翻译的社会文化特色而产生的。译者只有在翻译的过程中,真正认识到了包括文学、历史、政治、经济、社会习俗等文化因素的超语言因素,才能在接下来的实践活动中自觉进行动态对等翻译或变通翻译。因此这就需要译者不仅仅是"双语人",还需要他是"双社会文化人",在两种社会文化之间自由游弋穿梭。这就在专业层面上对译者提出了更高的要求,他必须对相应社会文化现象有一个全面透彻的了解,才能在翻译的过程中得心应手。

第二节 跨文化交际的内涵

一、对跨文化交际内涵的理解

(一)跨文化交际的含义

著名学者霍尔(Hall)首先提出"跨文化交际"一词,常用crosscultural communication 或 Intercultural communication 这两个意思相近的词来表达，起初指代的是一些长期旅居国外的美国人与当地人之间展开的交际。但是，随着跨文化交际的深入，其定义变得更为广泛，指的是不同文化背景下人们的交际活动①。

跨文化交际是语用学和应用语言学交叉融合下的一个新的研究领域。特别是在世界多元文化频繁交流合作的今天，人们所进行的大部分活动，都不可避免地与不同文化背景的人进行沟通与交际。换个简单的说法就是，跨文化交际指的是在语言和文化背景方面有差异的人们之间进行的交际②，也可以理解为是信息发出者和接收者之间的交际；当信息发出者向信息接收者发出信息的时候，交际便产生了。

由于不同民族和不同国家间拥有不同的生态环境、物质环境以及社会环境，因而形成了不同的语言习惯、社会文化以及风土人情等诸多语境因素。这就造成了不同文化背景下的人们不同的说话方式及语言习惯。在日常的交流中，人们习惯于用自己的说话方式去解释对方的话语，由此可能会造成不准确的推论，从而产生交际冲突和障碍。

胡文仲教授对于跨文化交际给出的定义是，"具有不同文化背景的人从事交际的过程就是跨文化交际"③。他认为跨文化交际是国家与国家之间、民族与民族之间、个人与个人之间的各种交际活动，内容可涉及政策、政治观点、价值观、风俗习惯、礼貌、称谓、服饰、饮食等社会的各个层面。胡文仲还进一步把它们分为主流文化、亚文化、地区文化和小群体文化，并指出跨文化交际研究首先应把目光集中于国别研究，并集中于一个国家的主流文化研究④。

顾嘉祖教授则指出，跨文化交际一般是指具有不同语言文化背景的各

---

① 刘文军. 跨文化交际及其人才培养策略［M］. 长春：吉林人民出版社，2022：8.
② 姜飞. 从学术前沿回到学理基础——跨文化传播研究对象初探［J］. 新闻与传播研究，2007（3）：31-37+95.
③ 胡文仲. 超越文化的屏障：胡文仲比较文化论集（修订版）［M］. 北京：外语教学与研究出版社，2004：32.
④ 姜飞. 从学术前沿回到学理基础——跨文化传播研究对象初探［J］. 新闻与传播研究，2007（3）：31-37+95.

民族成员相互之间的交际活动,也可以指同一语言、不同民族间的交际。还有人认为,跨文化交际泛指一切语言文化背景有差异性的人们之间的互动交际活动①。

笔者认为,跨文化交际是指具有两种及以上语言、文化背景的人们之间所进行的交际。由于东西方民族之间的文化背景具有很大差异,要想让来自不同文化背景的人们能够顺利地进行跨文化交际,就必须保证交际双方都需要具有强烈的跨文化意识,并能够清楚地了解本族文化与外族文化之间存在的差异。

(二)跨文化交际的影响因素分析

跨文化交际既是语言间的沟通,也是关于文化的碰撞和对话。造成不同文化冲突现象的因素很多,究其原因,是由于不同国家及地域之间在文化、历史背景方面存在着不同程度的差异,也就是人们在价值取向、思维方式、社会行为规范等方面之间的差异性,这些差异会使他们在行为、语言使用、语篇组织结构等众多方面呈现差异化的表现。

1. 价值取向

人类的交际能力是在社会化的过程中产生的,其必然与人类的价值取向有一定的联系。价值取向即价值观,它是人们基于思维层面对行为所秉持的一套持久的信念,抑或是以重要程度进行排列的一种信念体系。它是在思维之上作出的认知、理解、判断或选择。信念体系,虽然是一种无法触摸、直观可见的意识观念,但却无处不在,并且对人们的行为活动起着规定性和指令性的作用。每一种文化都有自己特定的一套价值体系,也可被称为人们的处世哲学和道德标准,但它不能脱离具体的文化环境而单独存在,况且每一种文化在不同社会背景下,对待同一事物可能存在着不同的判断标准,因此在进行跨文化交际时,必须对不同文化的价值观给予足够的尊重和重视。

---

① 周莎.少数民族地区高校对外汉语教学跨文化交际能力培养的研究[D].南宁:广西大学,2013:11.

2. 思维方式

文化会影响人们对外界事物的看法和认识，不同的国家孕育出不同的文化，在思维方式上必然存在着很大的差异。不同的思维方式会形成不同的交际行为与交际风格，甚至还可以影响到跨文化交际的顺利进行，这一特点在东西方文化之间表现得尤为突出，比如：西方文化的思维方式注重逻辑与分析，而东方文化的思维方式则突出直觉性和整体性[1]。这一点也是中国传统文化思维特征的直接体现。正是受这种传统文化根深蒂固的影响，中国人往往特别依赖于直觉上的感受，注重认识过程中的经验和感知，在交际中也常常凭这种经验和感知做出判断。这些差异也因此对东西方的跨文化交际产生了巨大的影响。

3. 行为规范

行为规范是指被全社会认可和普遍接受的道德标准和行为准则，它引导和规范全体社会成员可以做什么、不可以做什么以及怎样做的一种具有约束力的行为准则。这些准则是保证跨文化交际能够顺利进行的一个重要因素。

二、跨文化交际的表现形态

跨文化交际主要有两种表现形态，即语言行为和非语言行为。这两大交际系统是相辅相成的关系，二者相互弥补、互相映衬，组成了比较完整丰富的跨文化交际系统。在跨文化交际过程中，交际双方有时可单独通过语言行为或非语言行为进行沟通，但更多时候是交替使用两种跨文化交际手段来传递有效信息。

（一）语言行为交际

语言是一门艺术，是实现人与人、人与社会交流的重要工具之一。"语言的语用功能是指在人际关系中恰当和有效地使用语言。"[2]语言行为

---

[1] 李艳明. 跨文化交际写作中的语用失误防范策略［J］. 读与写（教育教学刊）刊，2016（7）：28-29.

[2] 张笛. 汉语儿童句末语气词获得研究［M］. 北京：新华出版社，2019：81.

交际是利用语言来完成的交际行为,也就是利用说出的话或写出的字以达到交际的目的。语言行为交际的实质是交际主体依据对自己角色的定位去选择并组织有效的话语,从而完成的交际行为,例如,利用话语因素中的语音和话语节奏来实现言语交际的最佳效果;利用语言的抑扬顿挫、轻重缓急来加强双方思想感情上的沟通。如果语言表达形式单一、呆板,是很难吸引听者的注意力或引起听者的兴趣的。因此,要想成为真正的跨文化交际高手,首先要成为善于运用语言技巧的艺术家。因为语言交际本身就是说与听的互动过程,交际成功与否取决于是否能够理解对方所表达出来的语义。

语言行为交际是一个依赖于交际主体语言行为的双向互动过程,它包括说话者言语交际的话语选择和听话者对话语的理解。"从讲话者角度来看,讲话者需要准确、明白地向对方表达自己的言语意图;从听话者角度来看,听话者需要根据对方所提供的信息推断讲话者的言语意图。"[1]语言行为交际对话语的选择和理解是一个动态的过程,在交际过程中,人们会通过语言行为来表达自己的内心想法。交际时应该要注意用词的简短性。因为在言语交谈过程中,不管是对说话者还是听话者而言,只用一个词来表达一个概念,对于双方理解而言都是最为省力的。

此外,在语言行为交际过程中,还应当根据不同交际对象的具体特征进行沟通交流,比如大学里,学校教职工以及大学生之间的日常交际,一般都会选择普通话,因为周围的同学来自全国各地,每个人都有本地区独特的方言,如果都使用方言交流难免会出现误解语义的问题,有时甚至出现无法沟通的情况;但当我们回到家乡,身边都是家乡朴实的亲友,用普通话进行沟通则会让交谈双方备感尴尬,有时甚至会有让对方误以为自己在炫耀身份或学识,从而迫使交谈中断无法进行。

在实际的交际活动中,语言行为交际还应当注意文化习俗的附加功能。文化习俗通常指的是一个社会群体在世代传承中,相沿成习的生活习惯。文化习俗对于语言行为交际的影响也是很大的,比如有人打了个喷

---

[1] 张笛. 汉语儿童句末语气词获得研究 [M]. 北京:新华出版社,2019:82-83.

嚏，中国人通常会开玩笑说"有人想你了""有人说起你了"或"有人骂你了"，而英国人和美国人则会说"上帝保佑你"；如果打喷嚏的是个孩子，中国的长辈则会说"长命百岁"。

（二）非语言行为交际

随着人们对语言与人类社会关系的实质性探讨和深入研究，跨文化非语言行为交际的研究迅速发展，并涌现出了跨文化副语言学、跨文化身势学、跨文化近体学等一批新兴学科。这说明跨文化的非语言行为交际作为信息情感交流的有效载体，在跨文化开放系统的启发当中，可以展示出跨文化沟通的不同意义及感情色彩。

非语言行为交际注重个人感情的表露和展现，因而不同的表情和动作在不同的文化背景中可以表达多种意思。非语言交际不仅注重语言结构，如语音、语法和词汇的实际运用效果，更注重社会文化、生活习俗等知识在交际中的实际应用。

跨文化交际中的非语言行为能力和语言行为能力存在着极为明显的差异。非语言交际主要表现在社会心理学中，是指人们通过使用语言、文字以外的媒介传达讯息，以此来表现人们的思想或意旨，比如：人的脸部表情、肢体语言或音调等。交际者在潜意识中把一个人的语言或文字通过外显特征表现出来，以便让对方会意或理解，同时也通过观察对方的情绪、态度及个人特质，了解对方真正的意图。非语言交际通常是在无意识的状态中接受并完成信息传达的，一个眼神、一个表情或动作，都有可能获得交际的成功。由此可知，"眼神"和"肢体动作"是人们日常交际中比较常用的非语言沟通方式。在跨文化交际传递讯息时，双方的眼神接触之后，不管是否凝视，都可以传递和透露这个人的内在思想与情绪，而伴随眼神出现的肢体动作有时也会传递出人的各种情绪、态度和性格特质。

第三节　中西文化差异及其对翻译的影响

语言和文化是一个互相依存、密不可分的整体。文化包含语言并对语言产生一定的影响；而语言作为文化的重要组成部分，同时也是反映文化、传播文化和保存文化不可或缺的媒介和载体。翻译不能只是简单地把一种语言转换成另外一种语言，切忌"语言传真"，而应在熟知两种文化背景下，认识和了解这两种文化因素的存在目的，在语言学习过程中给予文化更多的关注和重视，做到"文化传真"。人们学习和使用语言的过程实际上也是对社会和文化加深了解的过程，这种学习方式不仅有助于在交际中消除差距，还能增强彼此间的相互了解[①]。

一、英汉两种语言文化差异概述

英语和汉语隶属于两种不同的语言体系。英语属于印欧语系，汉语则属于汉藏语系，二者不仅在语言系统中的语义、修辞、词序、词的构成、词性变化和句法结构等方面存在着巨大差异，更是由于历史、文化背景、地理环境、风俗习惯及社会制度方面也存在着很大差别。正是这些差异决定了中西方各具民族特色的文化，进而决定了不同文化影响下的民族思维习惯、审美情趣等。英汉两种语言不但承载着不同的民族文化特色，还与文化的发展紧密相连，两者相互依赖、相互影响，不可分割。下面从文化传统、风俗习惯、地理环境、思维方式以及价值观和审美情趣等方面，对英汉语言系统在文化上的差异进行比较。

（一）文化传统和风俗习惯

1. 称呼

在中国人的生活词典中，一切称谓以"尊"字当先，见面少不了"兄弟、哥哥、姐姐、叔叔、伯伯、大娘"之类的称呼，尤其是面对年长者时，更不敢轻易怠慢。但在英语语境中却不会轻易加上敬称。

2. 打招呼

中国人见面打招呼时，通常为"您吃了吗？""您去哪儿？"这两句话，其实它们在中国日常文化中一般是没有什么实际含义的，只是一种礼

---

① 孙致礼. 全面求"信"，尽可能照原作来译［J］. 中国翻译，2020（02）：84-91.

节性打招呼的方式，相当于英语中的Hello；但如果按字面意思将前一句话直接译为"Have you had your dinner？"或"Have you eaten yet？"，往往会带给外国人一种语义上的误解，他们可能会误以为你想请他们吃饭。再比如将后来的打招呼语"您去哪儿？""最近过得好吗？"直译为"Where are you going？"或"Where have you been？"，外国人听到后心里可能会有所防备和芥蒂，误认为你有干涉或探听他人隐私的想法。而在说英语的国家中，人们通常会以天气、健康状况、交通、体育及兴趣爱好作为聊天的话题，下句就是我们比较熟悉的打招呼的英语句型："Lovely day, isn't it？How are you？"等。

中国人与讲英语国家的人在初次交际中，有严禁交谈询问的七种禁忌被归纳到的"七不问"中，即不可以询问对方的年龄（age）、收入（income）、体重（weight）、宗教信仰（religion）、婚姻状况（marriage）、吃了吗（Have you had your dinner？）和去哪儿（Where are you going？）等相关方面的内容。

3. 赞美与答谢

在西方国家中，赞美也是人们交谈中经常涉及的话题。赞美的内容主要包括个人的外貌、新买的东西、出色的工作业绩或取得的好成绩等。面对他人的赞扬，他们最普通的回答是"Thank you！""You look very beautiful today"来进行回复。

对于中国家庭来说，家庭成员之间鲜少用"谢谢"之类的表示感谢的词。在日常的交流中，如果出现了这种情况，会让听者觉得很奇怪，也会让彼此之间的关系有了一定的疏离感。然而"Thank you"这一语句，在英美国家几乎适用于一切人际交往的场合，即使是在家庭成员中的父母与子女、兄弟姐妹之间。还有，当别人问到"Would you like something to eat/drink？"时，我们通常会客气地回答"不用了""别麻烦了"等，但按照英美国家的语言习惯，若你想要就不必推辞，并说声"Yes, please"；若不想要，只要回复句"No, thanks"就可以了，这也充分体现了中国人的含蓄与西方人的坦率两种不同的风格。

（二）地理环境和思维方式

我们所生活的社会环境和生活环境都会或多或少地对语言学习和语言的发音体系产生影响。英国是岛屿国家，在英语中，与大海、航海相关或源于航海的词语俯拾皆是，例如a sea of troubles（无穷的麻烦）、follow the sea（当水手）、keep one head over water（奋力图存），又或者Hoist your sail when the wind is fair（好风快摘帆），等等。从上面这些例子中，我们都可窥知"海"字的踪影，但这些词汇在以中华文化为根基的汉语中，就没有相对应的词语。

中国是以种植业为主的农耕文明国家，土地的地位至关重要，因此汉语中就产生了许多与"土""土地"有关的词语，比如土崩瓦解（collapse like a house of cards）、土生土长（locally bore and bred）等。又如在形容花钱比较浪费、大手大脚时，英语的词语表达是"spend money like water"，而在汉语则表达为"挥金如土"。

此外，汉语中还有许多关于山川、四季、农耕等方面的习语，例如：山重水复疑无路，柳暗花明又一村（The hills and streams have no end, there seems to be no road beyond; but dim with willows, bright with followers, another village appears）一日不见如隔三秋（A day separation seems as long as three years），其含义就是"miss you very much"；而英语中的As you sow, so you must reap（种什么，收获什么），在语义表达上就不如汉语的"种瓜得瓜，种豆得豆"那么形象、具体。

同样地，受农耕文化的影响，中国传统文化形成了"民以食为天"的传统，汉语中也相应地产生了大量与此有关的习语，比如"吃饱了撑的""吃不了，兜着走""吃大锅饭""吃里扒外""吃软不吃硬"等。这种汉语中特有的说法或表达形式，在英语语言系统中是比较少见的，因此，必须根据它们的实际含义并结合上下文的语境来进行翻译。

由此可见，汉英两种语言系统由于地理方位及文化表达上的差异，呈现出不同的文化内涵。只有了解了这一文化层面上的差异，才能适宜地创造某种"异国情调"，并恰当地进行语言转换。

(三)价值观念与审美情趣

价值观念包括以伦理道德、意识形态、宗教信仰以及风俗人情等方面内容作为"为人处世"准则的观念，并持续影响着人们的态度和行为方式。

1. 亲属关系

素有"礼仪之邦"之称的中国，经过长期的农耕生活方式和儒家"长幼尊卑"观念的影响，早已形成了一套独特的道德规范和礼仪准则，各种社会关系和亲属关系已在传统文化中形成等级森严、长幼辈分井然有序的体系，比如像"伯父""叔父""舅父""姑父""姨父"这一组词语指称的是和父母同辈的男性亲属，这些亲属"亲疏远近有别"，家庭成员之间承担的权利义务有所不同，不加以区分是不行的。而对于具有长期商业传统，且推崇个体主义文化价值的英语民族来说，亲属关系和社会关系没有中国传统文化中亲属制度那么严格，比如英语中对非直系亲属的称呼上，长一辈的一律称为uncle或aunt，小一辈的叫nephew或niece，而同辈人不分男女一律称为cousin。这相对于亲属名词比较丰富的汉语来说简单多了，但对等级制度严格的中国人来讲有些不可思议。因为在中国传统的宗法社会中不但要分清男女、长幼，还要理清"堂""表""血亲""姻亲"这类在血缘传承和人伦秩序上的关系，甚至还要弄清"姑表""姨表""舅表"等其他亲属关系。在欧美等西方国家，孙子与爷爷彼此之间可以直呼其名，以示亲昵；但这种称呼方式对于深受传统文化熏陶的中国人来说，不仅在礼节上显得不尊敬长辈"没大没小"，在人伦秩序上更是"大逆不道"。

2. 审美观念

不同的民族具有不同的审美标准和观念，这一特点也同样在各民族的语言文化中有所体现，例如，"猫头鹰"（owl）在西方文化中是"聪明""智慧"的象征；而在中国，则被视为一种不祥的鸟，甚至认为仅仅听到猫头鹰的叫声也会带来灾难；"蝙蝠"因其谐音为"福"，因此在中国文化中被视为"福"兽，但它在西方文化中却是邪恶的化身；喜鹊（magpie）在汉语文化中象征着"喜庆"，一提到它往往会让人有种"喜讯到来"的联想，比如"喜鹊报喜，乌鸦报丧"；但在西方文化中，喜鹊有"爱嚼舌、传播小道消息"的意思，也就是中国人常说的"碎嘴子"，英文中的喜鹊甚至不报喜而报凶，一般被西方人视为有不吉征兆的"报丧鸟"；蜗牛（snail）在美国象征着吉祥幸福，客人临行时送蜗牛，有"一路平安"之意，而在汉语中却没有此种含义。

各种语言体系中都或多或少有一些跟动物有关的习语，当然在英汉语言系统中也是如此。其中，最典型的莫过于汉、英两种语言表现在对"狗"的态度上，狗（dog）的性格是忠实于主人，因而西方人将对狗的这种好感转移到语言文化的使用中，与"狗"相关的词语多为中性或褒义色彩，例如top dog（重要的人）、Every dog has his day（人人皆有得意之事），还有"Love me, love my dog"（爱屋及乌）；而狗的这种忠实特性在中国人眼里，会带有"仗势欺人""为虎作伥"之嫌。因此，在汉语语言系统里用狗比喻人时多为贬义，比如"狗咬吕洞宾，不识好人心""狗眼看人低"等。语文教材中鲁迅先生的"痛打落水狗"说法也因此更被人们所熟知。英语中"You are a lucky dog"是用来赞叹一个人拥有好的运气——"你真是个幸运儿"，如果只是简单直译为"你真是只幸运的狗"，那一定不会在中国人的记忆里留下美好、愉快的印象。

二、英汉语言的语义文化差异

通过上面对英汉语言的比较研究，我们认为影响英汉语言的文化差异主要体现在以下四个方面：语义文化差异、语法文化差异、语篇文化差异和语用文化差异。

语义是客观世界通过人类思维在语言中的反映。对某个具体的事物，只有当人类知道如何去验证该句子试图表达的命题时，才会具有实际语义。词的意义取决于它对句子意义的贡献，而句子的意义则取决于词和把词联结成句子的语法关系。

从横向、跨文化的角度来看，语义上的差异反映了不同文化在价值观念上的差异。语言总是运用于一定的语境中，并在情景中发生作用，因而语言与具体的情景关系密不可分[①]。情景既指讲话者所处的环境,包括讲话内容、讲话媒介、参与者等,也可以指语篇内的环境,即上下文(context)。社会文化通过各种具体的情景语境来表现,而情景语境又制约着对语义系统的选择。因此在不同的情景下,同一个词也会有迥然不同的含义。语篇就是在情景、语境的制约下通过对意义的选择生成的。每个词在不同的上下文中,会成为含义不同的另一个新词[②]。

语言的基本功能是为了实现思想上的交流,这就使说话者和听话者的心理活动形成密切的联系,这点在说话者的意图上体现得尤其明显。此外,社会文化背景也对语义产生影响。因为对全人类来说,某个词语的所指意义(referential meaning)是相同且统一的,但该词在人脑中引起的联想和印象却因时、因地、因人而异。

(一)联想意义的产生对语义的作用

词的文化联想是个人根据自己对某一事物的认知而产生的联想。在文化联想中很多人通过事物醒目的特征、习性,可以想到相关的传说、历史事件以及某一文化集团中与之有关的社会风俗等。文化联想主要有两种:属性联想和习惯联想。

属性联想指的是从客体属性方面产生的联想。有些事物由于普遍具有某种明显的特征属性,因此在不同的语言中就会产生出共同的联想意义,例如,汉语中的"狐狸"和英语中的fox都会让人产生出一种"狡猾"的联想。如果不同文明所接触的客体属性不同,那么对这一客体的联想意义也就有区别,比如,在中文语境里,"东风"意味着春天的来临,而英国人却喜欢用"西风"代表春天的到来。因为在英国,从欧洲大陆吹过的东风代表着寒冷,而西风则会给英伦三岛送去温暖,带来春天。所以,在汉语中常常可以看到赞美东风的文句,例如,"等闲识得东风面,万紫千红总是春。""儿童散学归来早,忙趁东风放纸鸢。"而在英语中歌颂西风的

[①] 杨林. 情景中的语义选择及语用等值[J]. 西北第二民族学院学报(哲学社会科学版), 2001(02): 83-85.

[②] 周莉莉, 李颜伟. 对"每一个词在新的语境下都是一个新词"之解读[J]. 长治学院学报, 2011(04): 59-62.

诗篇就不胜枚举，雪莱的《西风颂（Ode to the West Wind）》就是其中最著名的一篇，其中最为中国读者所熟悉的句子莫过于最后一句：If Winter comes, can Spring be far behind? （如果冬天来了，春天还会远吗？）

习惯联想则常常在各种语言之间表现得有所不同。"13"在英语中被视为一个不祥的数字，就是因为耶稣和弟子们最后一次吃晚餐的时候，一起吃晚餐的第13个人就是出卖耶稣的犹大，并且耶稣受害的日子也是13日，因此带来耶稣苦难和不幸的数字"13"，就被认为是不幸的象征。但相对于中国人来说，没有与此相关的忌讳，也就没有相关的联想。

此外，中国人千百年来深受传统文化诗词的熏陶，对"垂柳、杨柳"有一种诗情画意的联想，如"昔我往矣，杨柳依依"；但"willow"在英国人头脑中则没有相关含义的联想，"垂柳"的英语表达为weeping willow，weeping有"下垂的"意思，但同时也有"哭泣"之意，因此，单从这层含义来说，英国人对垂柳的钟爱远不及中国人。还有汉语中说的"吹牛"，在英语中被说成"talk horse"，这是因为中国文明起源于农耕文化，并且与耕牛关系密切；西方文明起源于游牧文化，与马的关系非常密切，甚至犁地也使用马，而不是牛。因此在汉语中有很多与牛有关的词语，比如"老黄牛""牛脾气""牛角尖""对牛弹琴"；而英语中带马的习语则比带牛的多，像work like a horse（像牛一样地干活），as strong as a horse（力大如牛），a willing horse（认真工作的人），hold one's horse（沉住气）等。

（二）语义演变与价值观念演变

从历史的角度看，语义的演变与文化的沿革息息相关。我们所建构的系统也会因所习得的文化、自然、地理等因素的影响而改变。内涵的改变都折射了社会生活的变迁，成为时代变迁的风向标。

（三）语义文化差异对交际的影响

美国著名语言学家Edward T.Hall于1976年提出了强交际环境文化（high context culture）和弱交际环境文化（low context culture）的概念来区别不同文化中对交际环境的依赖程度。

比如，一位美国人请朋友到家做客，他对一位中国朋友说："I am going to have a party tonight at my home. Come if you want."这位中国人听了

他的话感到困惑不解，不知应不应该去做客，因为他认为这种邀请似乎太不正式了，怀疑这位美国人没有诚意。所以，他经过再三考虑就没有去。从中国的文化角度看，这种邀请似乎不够盛情，语气不够强硬。其实，这位美国人是诚心诚意的，他对朋友的邀请看上去比较informal，但他的诚意已蕴含在他说的话里了。美国人追求的是一种equality，他想请你，但又不想把来做客这件事强加于你[①]。

再如，一位中国人指着另一位中国人开玩笑地对外宾说："他有气管炎。"如果翻译直接把这句话译成了He suffers from tracheitis，就会成了笑话。实际上，这句话的意思是他惧内，而不是得了什么疾病。

语言中的语句是无穷的，语句之间的关系、词与词之间的关系似乎也是千变万化的，但也不是没有规律可循。现简略地归纳几种主要的语义关系与语义性质。

1. 语义同义关系

语义同义关系也称为语义相同（sameness of meaning），如汉语中的傻、笨、蠢，英语中的statesman, politician等。句子中间的同义关系则称为释义关系（paraphrase），如He loves his parents与He loves his father and his mother的意思是一样的。同义关系是语义关系中最普遍，最重要的一种。

汉语中的"我""鄙人""在下""兄弟"等均指第一人称单数，它们在用法上的差异在于说话者与听话者之间相互关系的不同，而不是语义上的不同，所以语义不能与用法等同。

2. 语义相近关系

在一组词中，如果所有词的词义成分中有一个共同的成分，就叫作语义近似。汉语中的姨（aunt）、姐妹（sister）、尼姑（nun）、女人（woman）、女演员（actress）、母牛（cow）等，这些词不是语义全部或主要部分相同，而是在语义的某一特性上相同或近似，都是"女的或雌性的（female）"。又如"叔叔（uncle）、兄弟（brother）、和尚（monk）、男

[①] 于建平. 文化差异对英汉翻译中词义和语义理解的影响［J］. 中国翻译，2000（3）：27-29.

人（man）、男演员（actor）、公牛（ox）"等，它们的语义特性都是"男的或雄性的"。

3. 语义差异关系

这是与"语义相近"相对的关系。英语的dog，tree，car，girl，aunt的相似处在于它们都是实物（physical object），而shadow，mirror，image等词的相似处在于它们都是影像（image）。这两组词之间的差异是"实物"与"影像"的差别。

三、英汉语言的语法文化差异

语法是语言结构的法则，包括词的构成和变化规则以及组词成句、构篇的规则。我们知道，语言是人们进行交际、思维的工具，每个民族在思维与表达方面的某些文化特点，决定了其语言的某些特点。

（一）英语有形态变化，汉语没有严格意义上的形态变化

所谓形态变化，指的是词的形式变化，主要包括构词形态和构形形态两个方面。

1. 构词形态

构词形态，指的是起构词作用的词缀（affixation）变化，包括大量的前缀（prefix）和后缀（suffix）。英语的词缀数量多、种类齐全、灵活多变，常常一缀多义。汉语利用词缀构词仍处在发展中，不论数量或种类都不及英语。

2. 构形形态

英语的形态变化主要体现在动词、名词、代词、形容词及副词的变化以及对词缀（前缀和后缀）的添加上。这些变化包括：性别、数量（单复数）、格（主格、宾格）、时态等。

有了上述变化，一个词或词组就可以同时表达几种语法意义，例如，根据词形（比如有形容词后缀-able，或名字后缀-tion等）就可以基本判别它的词类及其在句中的作用、与其他词的关系等。汉语没有形态变化，一般要借助助词、词序、隐含意义或其他办法表达语法意义。

例如，在英语中，对应中文"我"的词有主格（I）、宾格（me），而中文却没有这些变化；类似的，对应中文"书"的英文词有单复数之分（book，books），而中文是没有单复数之分的，如果强调数量，会加一些表示数量的词，如"一本""五本""很多"等。英文中的动词还有时态变化，比如对应中文动词"给（give）"的词，其过去式形式为"gave"，过去分词形式为"given"。

（二）英语词序比较灵活，汉语词序相对固定

形态变化还与词序有密切的关系。形态变化越多的语言，词序越灵活，英语的语法意义可以通过词序或虚词表达，在许多情况下也可以用形态标志表示。形态、词序和虚词这三大语法手段互相配合或交替运用，使英语词语和从句的位置比汉语灵活。

1. 英汉句子的倒装

英汉句子的主要结构都是主语+谓语（动词）+宾语（或表语），并且词序基本上也是相同的，都是主—动—宾（表）。但与汉语相比，英语更多地使用倒装语序。这些主谓宾倒置现象，有的是出于语法的要求，有的是出于修辞的需要。有证据表明，英语词序能够如此灵活多变，其词形形态的多变和连接词的大量使用是两个重要原因。汉语由于缺乏形态变化，不用或少用连接词，词序相对固定。除了在诗词或某些惯用的句式外，汉语语序的改变大多是把宾语提到动词或主语之前，从而引起宾语句法功能的改变。

英语的倒装有结构性倒装（structural inversion）和功能性倒装（functional inversion）之分，汉语则功能性倒装居多。英语形态变化规则要求句中词语之间保持语法关系一致（grammatical concord），有了这种一致的关系，词语之间只要前后呼应，就容易灵活安排。

2. 英汉句子的定语位置

在英语中，定语的位置既可以放在被修饰成分之前，也可以放在之后，这是由定语类型和语言规则决定的。放在被修饰成分之前的定语即为前置定语，反之，则为后置定语。前置定语一般用一些词来充当，如名词、代词、形容词、副词或数词等，如：a stone building，boiling water等。

当然，形容词也可以做后置定语，如用来修饰不定代词的形容词，以a-开头的形容词，还有一些较为特殊的形容词，如：Nothing unexpected. I am the happiest man alive. 等

另外，如果做定语的是短语或句子，都要放在被修饰成分之后，做后置定语，例如：The student who got a high mark is his son.

汉语中的定语一般用形容词、名词、数词和代词充当定语，偶尔用一些其他词性的词和短语来做定语修饰主语或宾语，汉语的定语一般都放在被修饰成分之前，例如：

和煦的阳光照在身上。

骏马在美丽的草原上奔驰。

一般来说，汉语的定语后面都有一个"的"，比如上面的例子。但也有一些例外，比如在数词做定语时，"的"是可以省略的，比如："这里有五本书"。

当然，在汉语中，也有定语后置的情况，比如在一些古文中，例如："村中有少年好事者，驯养一虫。"（《促织》）

第四节 文化与异化、归化

作为两个互相关联的对应概念，归化（adaptation）与异化（alienation）在翻译研究出现"文化转向"之后，于1995年由美国翻译理论家劳伦斯·韦努蒂（Lawrence Venuti）提出[①]。从根本上来说，韦努蒂的归化与异化说基于前人的"直译"和"意译"说，是对这两个概念的延伸和拓展。也就是说，可以把直译和意译看作是"狭义"的异化和归化。他比前人的进步之处体现在他突破了语言因素的局限，在其理论中加入了美学因素和文化色彩，正因为这种美学因素和文化色彩的添加以及对词语进行重新命名，让他在翻译界获得了一种理论上的认同，进而获得了"文化资

---

① 孙致礼. 再谈文学翻译的策略问题[J]. 中国翻译, 2003（01）：48-51.

本"和"话语权利"。

归化与异化之争是直译与意译之争的延伸，论争的战场由语言层次上升到诗学、文化和政治层面。以中国的翻译实践为例，长期以来，由于种种原因，我国的文学翻译大部分时间都是以归化翻译为主，也就是所谓"重神似不重形似""地道的原文，地道的译文"。但在改革开放后，由于各种原因，导致原来归化策略占优的条件已经改变，对世界文化多样性和差异性有了更多的理解和尊重，异化策略的使用有了更大的空间，甚至有人提出了"异化为主、归化为副"的倡议。

当然，文化因素的介入使人们认识到异化或归化不只是简单的孰是孰非、孰优孰劣的问题，在具体的翻译实践中，采用归化策略还是异化策略，应放在文化的语境中具体情况具体分析。根据原作者的意图、文本的类型、翻译的目的以及读者的要求等因时因地而变化[1]。

总之，根据文化的差异和渗透来看翻译的异化与归化问题很大程度上开阔了视野，使人们对此有了较全面深刻的认识。

源语文化系统和目的语文化系统在语言、意识形态和权力关系等层面上都有各自独特的"规范"（norms）。在具体的翻译实践中，面对这些不同的规范，必须根据具体的要求作出适当的选择或取舍，因此，翻译的过程实际上是一种选择的过程。译者在维护本民族的语言文化的同时，也要尊重外来的"异"的成分，注重异质的吸收。二者的有机结合则是译者努力达到翻译"忠实"原则的基础。当然，译者往往因为这样或那样的原因，会以一种策略为主，而少用或不用另一种策略，即或以异化为主，或以归化为主，很少能两种策略共同使用[2]。当然，考虑到译作的可读性以及适应读者的要求，以归化策略为主的翻译似乎有抢占上风的倾向。

---

[1] 郭建中. 翻译中的文化因素：异化与归化［J］. 外国语. 1998（02）：12-19.
[2] 彭晶艳. 归化与异化应促成翻译和跨文化交流的双赢［D］. 南宁：广西大学，2006：45.

一、异化解析

异化是有限度的,是在不影响理解、不破坏可读性、不严重违反译语表达习惯的前提下在译文中保留"异"文化,然后加注解释,这种方法不失为一种可取的妥协方法。用外文来表现说话人的某种背景或思想状态,它的每次出现都是有目的的。有的时候,原文中本来有不顺的地方,有可能是作者有意要读者花费心思弄明白的地方,那就是原文的韵味;有的时候,则是译者虽然努力委婉地想把它说明白,但确实不能达到目的。[①]甚至韦努蒂还主张把译文故意弄得不通顺。

就理论话语而言,"直译""异化"在中国汉朝佛经翻译时期就已出现,在鲁迅时期达到了顶峰。鲁迅主张译文要尽量忠于原文:以信为主,以顺为辅。在翻译时,输入新的内容的同时,也要注重输入新的表现法。鲁迅关于翻译的"欧化""洋化"问题的主张出于两个方面的考虑,一是为了"益智",一是为了输入新的表现法。

然而,"直译"或"异化"这一理论在西方学者韦努蒂(Venuti)那里得到了修正并普遍推广。他用解构主义观点来建立他的翻译理论:翻译是译者在理解的前提下,用目的语中的能指链来替代源语文本中的能指链的过程。因为意义是一个可能在无限链(可以具有无限的联系的、多义的和互文的)上的关系和差异所产生的效果,因此,意义永远是有差异的和被延伸的,永远不会是一个原文的整体。作品的意义是多元的,受不同的社会形势和不同的历史时代的制约[②]。其解构主义的翻译思想不是要求同化。

韦努蒂的异化论是在后殖民主义的"语境"下提出来的,主要是针对英语等殖民者语言的语言霸权主义和文化不平等主义以及由第三世界语言译入英语等具体状况提出来的,是作为一种国际政治的策略提出来的。异化翻译理论不仅涉及翻译方法或技巧的相关问题,也是与政治、社会、文

[①] 王振平. 论翻译之道 说《尤利西斯》——金隄教授访谈录[J]. 中国翻译, 2000(01): 56-58.

[②] 郭庭军. 论译文读者地位的多视角凸显[J]. 南华大学学报(社会科学版), 2009, 10(03): 94-96.

化等密切相关的。韦努蒂的异化翻译思想就是要对英美文化中的霸权主义地位和思想提出挑战。他将异化的翻译策略称之为"抵抗"（resistance），即抵抗目的语文化的种族中心主义，抵制民族中心主义对原文的篡改，他提倡译者的"显形"，承认翻译中所涉两种文化之间无法减少的差异。

这种理论后来又在"后结构主义"哲学、文艺批评、精神分析和社会理论盛行的法国文化中得以复兴。在英国，纽曼（Newman）也主张在译文中要保留外国文本表达，威廉·莫里斯（William Morris）也是采用异化方法进行翻译的英国翻译家之一；同样主张异化观念的，还有法国学者伯尔曼（Berman）和德国学者施莱尔马赫（Schleiermacher）。韦努蒂所提出的异化方法之目的是要在翻译中表达语言和文化上的差异和原语的特色，纠正传统目的语自我认同的错误思想，在英语中异化的翻译可以反对文化上的自我欣赏和反对帝国主义，抵御民族中心主义和种族主义。

在中国，随着改革开放的深入，国力增强了，国际地位提高了，人们的思想观念发生了巨大的变化，对异语文化的多样性和差异性给予了充分的理解和尊重。以往的闭关自守的封闭状态彻底被打破了，汉语中通过异化翻译法产生的新词语成了人们日常生活中的常用词语，例如：IT业（信息技术产业）、IP电话（网间协议电话）、卡拉OK、E-mail、激光、雷达、DOS（磁盘操作系统）、CAD（计算机辅助设计）、CAI（计算机辅助教学）、DVD（数字式光盘）、GDP（国内生产总值）等。另外，异化翻译在知识阶层中更容易被认可和接受，以欣赏、研究为目的的翻译，则应力求再现原作的风貌，这样读者可以结合原作时代的历史事实、文化特色对其作更深的理解与研究。

异化译本更有助于研究原文的风格、内蕴、原文的表达方法、原文特有的文化等。随着时间的推移和时代思潮的变化或变迁，随着世界多元文化在保留各自特色前提下的接触融合，翻译中异化的程度将越来越大，异化派的声音则更响亮些。21世纪的中国翻译文学将进一步趋向异化译法，而这种异化译法的核心就是尽量传译原文的"异质因素"，即尽量传达原作的异域文化特色、异语语言形式以及作者的异常写作手法。也就是说，译者应尽可能将差异性如实地传递出来。一味用自己民族的品位去取代原语文化的品位,社会就不会进步,文化也不能得到交流。我们所建构的系统也会因所习得的文化、自然、地理等因素的影响和改变。在这种背景下,异化翻译则更有其发展运用的良好环境和前景。

二、归化解析

归化是与异化相对的一种翻译方法。归化理论的代表人物是奈达(Eugene Nida),他提出了一个概念,"最切近的自然对等",即"译文基本上应是源语信息最切近的自然对等"。在奈达看来,翻译实践应把读者放在首位,在理解分析源语信息的基础上,尽可能地把源语行为模式适应译文读者的文化理解能力,表达方式也应该是完全自然的,"尽量让读者感觉不出来作者是外国人"。归化翻译的目的是尽量不干扰读者的正常阅读,而向读者传递原作的基本精神和语义内容。翻译不在于语言形式或个别细节的——再现,在原作的语言环境中带有特别含义的字句应该用译入语言中相应的字句代替,不必再现原文特有的文化色彩,例如,英语成语"To grow like mushroom"译成汉语时,可以用现成的汉语成语"雨后春笋"来表达。

归化的优点显而易见,由于其重视读者的感受,用读者耳熟能详的文化范畴和概念阐释源语,自然容易被读者所接受。然而,凡事有利必有弊,其缺点也非常明显,最大的缺点就是归化翻译可能只是源语文化和目的语文化之间的"文化对等"。因为即使译者费尽九牛二虎之力,把每一个原文中的词都找到了目的语中的"对等词",也不一定使译文读者和原文读者有相同的感受,因为译文读者倾向于用自己的文化观念来解读译文的内容,比如,中国成语"谋事在人,成事在天",这个"天"肯定不是指西方基督教里的"God"。但戴维·霍克斯(David Hawks)直接引用了英语谚语"Man proposes, God disposes",这虽然迎合了英美国家读者的基督教文化信仰,让他们更容易理解和接受,却成了基督教信仰。因此,中国翻译家杨宪益在翻译这个成语时化用了这个成语,变为"Man proposes, Heaven disposes",从而保留了原文的本意。所以说,归化往往仅停留在内容、情节或主要精神意旨方面，而无法深入、沉淀在语言内核的文化本质深处。

　　翻译是对原文的重写，文学翻译的策略主要取决于两个因素：一是译者的意识形态（这种意识形态有时是译者自己认同的，有时却是"赞助者"强加于他的）；二是当时译入语文学里占支配地位的"诗学"①。同英美文化一样，中国的文学翻译（除五四时期以外）大多是以归化译法为主。代表言论如"重神似不重形似""地道的原文，地道的译文"等。专家们分析，这主要是由于中国知识分子由于长期处于封闭的状态，已完全形成了自己的意识形态，因此，不愿接受异己的意识形态；另外，中国知识分子对我国深厚的文学传统充满了自豪感，这种"诗学"上的自负心理以及意识形态上的排异心理是长期以来归化法在中国译界盛行的主要因素②。

　　中国比较有影响的归化派代表人物有翻译家林纾、朱生豪、张谷若、傅东华、杨必等。在他们的译作中处处可见归化手法的使用，例如傅东华在翻译玛格丽特·米歇尔的《飘》时，为了让译文符合中国读者的文化意识，营造汉文化的文学氛围，有意将男、女主人公Rhett Butler和Scarlett译成了颇具中国色彩的"白瑞德"和"郝思佳"。并且在序言中，傅东华称：对于原文中"一些冗长的描写和心理分析，他觉得跟情节发展没有多大关系，而且要使读者厌倦的，那就不客气地将它整段删节了"。③这种归化手法的采用主要是考虑到译文读者的反应，因为中国读者可能更多地关注故事情节、故事结果，特别是主人公的命运。原文冗长的描写和心理分析不符合中国读者的审美期待，忠实地按照原文翻译反而会带来负面反应。同样，为了适应法国人的口味迪西（Ducis）在翻译莎士比亚的《哈姆雷特》时也做了相应的归化处理。

　　有时，归化法的使用也是不得已。译者要遵从约定俗成的译法，否则，译文则不被读者所接受。翻译不是在真空里进行的，它必定要受文化

---

① 简丽. 功能翻译理论视角下的傅东华译《飘》研究[D]. 长沙：中南大学，2010：12.
② 李磊荣. 论民族文化的可译性[D]. 上海：上海外国语大学，2004：15.
③ 司显柱. 对我国传统译论的反思——关于翻译技巧研究的思考[J]. 中国翻译，2002（03）：39-42.

语境的制约，要受目的语规范的制约。由于目的语文化先入为主，在某一形象中注入了特定的意义，一旦这一形、义结合为本语言集团的人所接受而具有了稳定性和普遍性，那么该隐喻语就会成为本语言文化机制的一部分，成为语言使用者之间的一种默契的、定向思维模式。这种思维模式自然要把异质的思维模式拒之于门外①，这就是具有文化局限性的隐喻语的排异性。

隐喻的翻译就涉及这种排异性，译者在译语中无法再现原语形象，完全抛弃原语形象又太可惜，这时一种较好的办法是：用译语读者所熟悉的形象来代替原语形象。这种形象替换归化法的优点在于它可以使译文达到与原文相同或相近的表达效果，并在一定程度上弥补因不能再现原语形象而造成的损失②，例如：go with the stream（随波逐流）、draw water in（/with）sieve（竹篮打水）、a drowned rat（落汤鸡）。如将以上各例用异化法分别译为："随溪逐流""以筛取水""落汤鼠"等词语，虽然不会在读者头脑中造成误解或产生错误的形象，但目的语文化的局限性和读者定向思维模式的排他性会抵御这种异化译法。

又如：one-horse town（巴掌大的小镇）、no-good（饭桶）、talk horse（吹牛）等词语，如果对这些英文进行异化翻译，汉语读者也不能正确理解其中的含义。

物质文化对词语表达和翻译的作用则更是不言而喻，"bread"对西方人而言是家常便饭，对中国人来说天天以面包为主食（staple food）则表明生活水准并非一般。因此，bread and water虽然在西方文化中表达的是"简朴"之义，但直译则与中国物质文化发生抵牾和冲突。因此，必须采用归化译法，译为"粗茶淡饭"，达到功能对等。可以肯定地说，至目前为止，以上各例如采用异化译文，在汉语中是不可取的，并不像异化译文"鳄鱼的眼泪"（crocodile's tears）那样令人接受。

有时，在母语喻化思维模式的干扰下，读者难以正确推导出原语词语

---

① 徐莉娜. 隐喻语的翻译 [J]. 中国翻译, 1999（04）：21-24
② 乐金声. 论英汉翻译中的形象转换 [J]. 中国翻译, 1998（04）：15-18.

的所指对象①，直译会引起概念的混乱或冲突。因此，在这种情况下译者必须采用归化翻译法，例如：I am only a small potato in this office.（在这个办公室里，我只是个小人物。）此句会使英国读者马上联想到习语 big potato（大人物），互文性帮助英国读者正确理解上面的例句，而对于不具备这种知识背景的中国读者直译会造成理解障碍，因此，在此归化优于异化。

译作不能完全真实地反映原作是社会、文化、意识形态乃至权力操纵的必然结果。归化方法的运用说明翻译成了一种思想的操作，是译者（在各种因素的影响下）把自己的思想翻译成另一种语言，而不是语言学之类的转换。

总之，虽然归化译法能避免造成交际和理解障碍，但归化译法是在文化隔阂和差异造成原语信息和意义在译语中难以完美地传达时才不得已而使用的②。归化翻译不是翻译之目的，也并非一种常用的翻译技巧，它仅是一种有节制、有条件的权宜之计（makeshift）。适当归化的结果也不是同化（acculturate）原语文化，而是为了避免造成交际和理解障碍。

三、异化与归化

归化与异化是立足于文化大语境下的价值取向。文化是翻译过程中必然会面临的问题之一。在翻译过程中，译者要处理所涉文化之间的空缺、交叉、包含、冲突、相符等问题。对待文化因素的处理，一般用"归化"和"异化"两种策略，在具体操作时，译者应妥善处理，在两者之间取得较合理的平衡：既要不折不扣地、忠实地向读者传递原语文化，保证译品的新颖性或陌生感，又要适度地进行归化，减少读者的阅读难度，确保译品的流畅性和整体感。③

无论采用归化或异化，都不能局限于语言形式间的机械转换和对应，而应该主要取决于原语作者和译者的交际意图。翻译活动作为一种语言文

---

① 徐莉娜. 隐喻语的翻译 [J]. 中国翻译，1999（04）：21-24.
② 任灵玲. 英汉习语的文化内涵与翻译 [J]. 平顶山工学院学报，2007（05）：87-89.
③ 任灵玲. 英汉习语的文化内涵与翻译 [J]. 平顶山工学院学报，2007（05）：87-89.

化活动应是描写性的，而不是规约性的。语言文化的变化是不以个人的意志为转移的。在许多情况下，出于对不同的时空因素和读者口味的考虑，异化或归化译法都是可取的，例如：英语单词spaceshuttle，中国大陆地区译为"航天飞机"，而港台地区译为"飞梭"或"穿梭机"；at a stone's throw可译作"一箭之遥"或"一石之投"；cassette，一译"磁带盒"，一译"卡式"；UFO译作"不明飞行物""飞碟"或"幽浮"，如此等等。

又如，德语中有这样的谚语"Mit Wolfen Muss Man heulen."，在英语中采用异化法译为："Among wolves one must howl."根据特定的语境汉译时可归化为"入乡随俗"或异化为"在狼群中你就得嚎"。归化法像原文一样体现了谚语的表现力，达到了功能对等的语用效果，但却失去了原文的形象；而异化法不具原文的简练性，对汉语读者而言过于俗语化，但它却为汉语表达同一个意思提供了一个新颖别致的语言表达形式。由于社会文化不同，不同民族观察、概括事物各有自己的视角和审美观，因此翻译时应注重语用等效。

采用归化还是异化，最终取决于安德烈·勒菲弗尔（Andre Lefevere）阐述的翻译三要素（意识形态、赞助人的力量以及翻译诗学），取决于翻译的目的和目的语读者、文本特点等因素。归化与异化不会永远同时并存，只不过在不同的社会思潮影响下，某一策略会占主导地位而已。与过去人们在接受其他国家和民族的文化时所抱有的那种抵御陌生和寻求认同的心理相比，当代人在接触别的国家和民族的文化时所抱有的则是一种渴望发现崭新的文化因子，以充实和更新自己的文化构成的文化心理[①]。人们都以一种海纳百川的开放心理，而不是封闭的心态去观察和接纳其他国家和民族的文化。这种现象在英语"a peacock in a turkey's pen"的汉译从"鹤立鸡群"到"火鸡栏中的一只孔雀"的过渡中可见一斑。当代的翻译环境和以往大不相同，异化的程度越来越高，但归化的翻译和异化的翻译在目的语文化中起着各自不能互相替代的作用，完成着各自的使命。应

---

① 闵西鸿，刘芹. 异化翻译与文化信息传递[J]. 语文学刊（外语教育教学），2013（03）：53-54.

以异化为主，归化为辅，既不能动辄采用归化，遇到困难就妥协退却；也不能在译不通时硬性采用异化，这样只会弄巧成拙，应退而求其次，采用归化处理。总的翻译原则是：首选异化，不得已时采用归化，两者相辅相成，相得益彰，永远并存。

译文的跨文化释义既然要同时兼顾两种文化——一方面重视传达，另一方面重视接受，就不可能不走"中庸之道"，也就不可能不追求"和"的理想（释义）状态。反映翻译实践、指导翻译实践的译论也应采取这种"中庸之道"，异化与归化是处于一种矛盾对立、辩证统一的状态，中庸之道可以使译者在选择的过程中或在实际操作中不偏不倚，无过无不及，不走极端，全面权衡，多方考虑，使译作在多方和谐的状态下得以顺利完成，即：译者与原文之间的和谐，译者与译文之间的和谐，译作与原文之间的和谐，译作内部关系的和谐，译作与读者的和谐，译作与所涉文化之间的和谐等。

第二章 跨文化翻译与文化对比研究

第一节 文化与语言、翻译的关系问题

一、文化与语言的关系

文化与语言的关系一般是：语言是文化的组成部分，文化以语言为载体，语言同时也是文化的模具。

（一）语言是文化的一部分

在韩礼德（Halliday）看来，语言是语义系统，社会也是语义系统，但语言是社会语义系统的一部分。以符号学为依据来进行分析可知，社会是符号系统，语言也是符号系统，并且语言是社会和文化这个大的符号系统的一部分。不同之处就是语言又是社会语义系统的编码系统。由此可知，从本质上来说，语言是文化符号。

通过上述可知，语言是文化的一部分，另外，语言也是一种文化符号。因而想要解释语言符号系统，就离不开对社会或文化语义系统的解释。换句话说，如果没有了文化，没有了社会，就不可能对语义系统有一个深入的理解。弗思（Firth）也指出，要根据场合、情景来分析句子，要根据文化背景来分析场合。

很多社会语言学家的看法都与此相似。比如古迪纳夫（Goodenough）以及哈德森（Hudson）这样描述语言和文化的关系：在很多方面语言都是蕴含在文化中的，文化和语言的关系是整体和部分的关系。

（二）语言是文化的载体

很多语言学家都认为，语言实际上就是社会中存在的一种现象，表示

的是文化上的一种符号，可以说是人类社会中的一种储存和传递信息的工具。语言为什么具有这些功能呢？主要是因为语言可以对社会性的信息和文化性的信息进行记录和表达。只有具备了记录的功能，语言才能发挥其他的功能。也就是说，其他的功能是在语言的记录功能的基础上发挥作用的。

任何民族，其语言的发展历程都和自己民族的文化有着非常紧密的联系。语言既包括发音，也包括语义，发音和语义是结合在一起的。可以说，语言是一个涵盖了词汇和语法的体系。发音和语义相互结合的过程是非常漫长的，而且需要无数代人的共同努力。最初语言的形成比较随意，但是后来语言逐渐稳定下来，成为公众约定俗成的样子。一个民族经过对客观世界的认识和改造，形成了具有一定规则的词语和表述。可以这么说，这些词语和表述就是我们所认同的民族文化，其对这个民族的历史文化和风土人情做了大量的记录。对文化进行记录的主要载体就是语言，与此同时，语言还是一种主要的社会符号。语言可以对文化进行一定的记录、保存和传播。

我们都知道，文化并不是一直存在的，它有自己的发展轨迹，需要特有的环境，这一环境既包括生态上的，也包括社会上的，比如赤道附近生活的非洲居民，他们从出生开始就不知道下雪是什么样子，也就不能描述雪，更不可能产生有关于"雪"的文化。然而，因为他们生活在热带，需要非常了解当地的动物和植物，这个时候，他们就需要非常细致地观察和分析各种事物，使用各种各样的词语对其中的动物和植物进行描绘；因纽特人是在北极圈生活的，那里很少动物和植物，人们主要的活动是狩猎，雪对于人们的生活具有非常大的影响，因此，他们有好几十个描述雪的词语。

美国是一个汽车非常多的国家，汽车的种类和型号也是非常多，号称生活在"汽车上的国度"。所以，美国的语言中对汽车的表述词语就非常多；这十多年来，中国的经济发展非常迅速，车辆的绝对数量和人均数量都有了极大增长。但即便是这样，汉语中到现在也没有和美国的单词"camper（露营车，房车）"这个单词相对应的词语。而对于非洲大部分国家来说，由于汽车非常少，而且对人们的影响很小，只需要存在一个简单的"汽车"的词语就可以了，不用进行多种描述。

中国文化深受儒家思想的影响，因此，中国人从古代时期就非常讲究以礼待人。汉语语言中有一套谦恭的语词文化，并且世代传承和发展。但是，英美国家的文化里对此就没有涉及。因此，汉语中各种各样的询问对方姓名的词语到了英语中只是一个简单的单词"name"。历史上，李鸿章曾经为了表示对主人的感谢之情，在外国的一家饭店邀请其吃饭，因为其使用了中国传统文化中的谦卑之词，结果引起了饭店的不满，饭店老板认为李鸿章侵犯了饭店的名声。这一事例足见中西方文化在谦卑恭敬这一点上的巨大差别。

因为语言是对文化的记录，所以说，文化是语言的基础，语言的发展是在文化的发展之后的。只有文化先发展起来，语言才能紧随其后得以发展。1964年，苏联成为第一个发射人造卫星的国家，当时苏联使用的表述性词语是"CPUMNIK"，但是，中国那个时候还没有接触过这个新事物，也就没有相对应的表述性词语，后来，中国使用了"人造卫星"来对此进行描绘，英美国家那个时候也没有接触过这一新事物，后来他们先是使用了"Sputnik"这个词语，然后又改用"artificial satellite"进行描述，有时也用"satellite"进行描述。因此，欧美国家表述人造卫星的英文词汇有两个。

通过对以上例子的分析，我们发现，语言和文化之间的关系是非常紧密的。文化是语言的前提条件，文化的发展推动了语言的发展；从一定意义上来说，语言是对文化的反映。我们能够通过语言展现出整个民族的文化。

文化的符号化表现就是语言，语言受到文化的制约和影响。语言就是一面镜子或者是一本相册，它展现了自己民族的文化特征；语言就是一个轨道，它对自己民族的文化具有一定的制约作用。

我们说语言是文化的载体，这里载体的性质并不是单一的，而是具有两面性。语言一方面可以说是自然意义上的载体，另一方面也可以说是人为意义上的载体。不论哪一个民族，这一个民族的文化很自然地是把本民族的语言当作自身载体的，比如英国文化自然意义上的载体必然是英语，中国文化自然意义上的载体也必然是汉语。

但是，英国的文化能不能使用汉语来表示呢？或者中国的文化能不能用英语来表示呢？当然是可以的。如果不可以的话，就不能进行正常的翻译活动了。但是，使用汉语来展现英国的文化，这样的表现形式和英语自身的表现所达到的程度是不是一样的呢？很多对翻译有所研究的人都认为是不一样的。当然，这个答案是正确的。不论是使用汉语来展示英国的文化还是使用英语来展示中国的文化，其达到的程度都是不完全对等的。

因此，语言对文化的展示通常有两种形式：一种是对自己民族的文化进行展示，这样的文化展示和文化自身是相匹配的；另一种是对其他民族的文化进行展示，这样的文化展示和文化自身并不是完全匹配的。通常来说，那些和文化自身相匹配的语言就是我们所说的自然意义上的载体，那些和文化自身并不完全匹配的语言就是我们所说的人工意义上的载体。

实际上，翻译的含义就是把一种语言转换成另一种语言，以此来使得文化的载体发生变化，也就是把自然意义上的载体转变为人工意义上的载体。当然，在翻译的时候，人工意义上的载体并不能和文化自身完全匹配，这就需要对其中的不匹配现象进行合理的处理。

（三）语言是文化的模具

语言是对文化进行记录的承载物，甚至可以说，语言就是一面镜子，完整或不完整地展现了文化的具体样貌。与此同时，文化的发展也影响着语言的发展。之所以说语言是文化的模具，就是因为语言对文化具有一定的制约作用，就像轨道限制列车行进的方向一样，比如汉语中存有谦卑恭敬的文化表达方式，这一系列的表达方式就像模具一样，影响着人们日常生活的一言一行，规约着人们的交往和交流。

人类的精神世界包括思维。当我们研究思维和语言之间关系的时候会发现，不只是思维对语言具有一定的约束性，语言也对思维具有一定的约束性。实际上，语言之所以对思维具有一定的影响，主要就是因为语言是文化的模具。印第安语和印欧语言差别很大，这使得他们的思维方式也完全不一样。人们不只在客观的世界生活，还受到语言的影响和制约，一些语言的形式在没有被人察觉的情况下就对人的思想产生了重大影响。这就是萨丕尔-沃尔夫假说（Sapir-Whorf Hypothesis），又称为"语言相对论（linguistic relativity）"。这一假说之前曾遭到很多人的抵触和批判，但如今越来越多的人对其中所包含的有实际应用的内容进行了学习和借鉴。

一般来说，在人类的发展历程中，是先出现思维，之后才出现了语言。因此，客观现实世界对人类的思维具有决定性的作用，语言并不起任何决定作用；换而言之，思维反映的是客观的现实世界，而不是语言。然而，当人类的思维继续发展并出现了语言之后，人们通过语言来表达自己思维的时候，这些语言就会在一些特定的民族文化中沉淀下来，进一步推动人类思维的发展。

我们要想把语言和思维之间的关系表述清楚，就需要借助一定的例子进行分析。不论是自然世界，还是人类生活的社会，都存在着各种各样或并列或对立的客观事物，比如，自然世界中的日月星辰、人类生活中的男女老少等。在语言产生之前，人们已经对这些客观的事物具有一定程度的认识，但当语言产生以后，人们就可以用语言来对客观事物进行描述了。久而久之，语言中的对立或者并列的表述方式逐渐固定下来，从而约束着人们的思维方式，如同模具一般。

自然世界和人类生活的社会中的对立或者并列的规律具有普遍性。在人们对这些普遍性规律进行分析和了解的过程中，会形成一定的思维方式，且具有共通性，在语言的表述中经常出现。

再后来到文字的产生，这个时期人们既可以用口头语言表示思维，也可以用文字把思维记录下来，并与别人进行沟通。文字也是有自身发展轨迹的，文字发展的轨迹也会影响语言的发展。汉语中占绝大多数的是单音节和双音节词，方块字就是在此基础上产生的，并且集中展示了文字的形状、发音和语义。每一个方块字都对应着一个音节，每一个音节都有相对应的不同的四个声调。不论一个方块字的笔画数有多少，其位置是不会发生变化的。

总的来说，人们在认识世界的时候就开始对现实世界中的客观性事物分门别类地进行整理，这个过程实际上就是文化的构建过程。该过程通过语言记载和传达的时候，就形成了一种比较固定的模式。这些固定模式又继续被后世沿袭下去，与之同时传承下去的还有相对应的思维方式，后世之人根据这一固定的思维模式继续研究新的事物。事实上，就是这样一种导向性的作用展现了语言对文化的模具作用。

二、文化与翻译的关系

翻译要想取得真正意义上的成功，就要更加重视文化与翻译的双关能力，这样才具有实质性的作用。由此可以看出，翻译与文化是紧密相连、互相影响的关系。一方面，翻译可以促进和丰富文化；另一方面，文化可以促进并制约翻译。

（一）翻译促进了文化的发展，使得文化不断丰富

我们认为，翻译实际上就是一种跨越文化进行交流的行为，它可以对文化进行有效的传播，还可以促进不同文化之间的交流。语言既记录了文化，也对文化进行了存储和传播。人们使用一种文字来对自己的思想情感进行表述的时候，不只是简单地传授知识，还传播了文化。通过翻译，世界各地的文化得以传播、交流、融合，碰撞出新的火花，焕发出新的生机。下面就以新词的产生和文学的发展两个方面为例，对这一点进行举例说明。

中国的改革开放不断推进，再加上中国加入世界贸易组织（WTO）等，英汉两种语言之间的交流越来越频繁，一些国外的新兴词语不断进入国内，比如说，AA（各付各账）、show（秀）等。这些词语有的是音译的结果，有的是在中西交流中语义引申的结果，还有的是对外来词语进行异化翻译的结果。不论是哪一种形式得来的，都已经逐渐走入人们的生活并融入汉语表达系统之中，从而使中国的语言文字有了新的发展，也使得我们能够更精确地表达在本土文化中本不存在的事物或现象。

文化的传播和交流并不是单向的。在西方文化进入中国，影响中国文化的同时，中国一些优秀的传统文化也在西方国家流行起来，为当地的人们所接纳，并对其他国家的文化产生了广泛的影响。今天，很多国家的人

们都知道了中国的太极拳、少林寺、武术，对中国的民俗节日等传统文化也有所了解，并对中国人名先姓（family name）后名（given name）表述上表现出了认同感，像刘翔可以翻译成Liu Xiang，而不像以前只能用Xiang Liu来表述。

就文学方面的影响来说，1890—1919年这三十年的翻译浪潮对中国文学的发展具有非常重要的作用，主要表现在三个方面。

首先，国外很多非常优秀的文学作品被翻译成中文并传播到中国，受到了很多文学爱好者的喜爱和欢迎。在这些文学作品中，最为突出的就是国外的小说作品。国外优秀小说的引入促使中国许多比较传统的知识分子意识到了小说的作用，认为小说是文化领域中较为重要的一部分。

其次，西方小说的翻译文本使得中国传统观念上的写作方式发生转变。西方的小说倾向于对人物的心理和优美的风景、事物进行细致描绘，中国传统意义上的文学倾向于对作品意境进行描述。因此也可以说，西方小说的翻译既促进了中国文学创作形式的多样化发展，也改变了中国传统意义上的写作方式。

最后，文学翻译不仅使旧有的文学观念发生了变化，还把一些新的思想观念带进了中国。这些新的思想促进了中国新诗歌、新话剧等文学的产生和发展，推动了中国文学的现代化发展。

（二）文化对翻译的促进和制约作用

1. 文化对翻译的形式具有影响

文化不管是强势还是弱势的，都会影响翻译的形式。我们所说的文化的强势和弱势不仅仅指的是某一个具体的文化领域的强势和弱势，还可以指文化整体意义上的强势和弱势。我们应该对什么样的作品进行翻译以及应该怎样进行翻译，这些不只受翻译人员自身文化素养的影响，还受到文化环境的影响，尤其还可能受到强势文化的影响和冲击。实际上，翻译是一种文化性活动，且具有很强的目的性。所以，我们翻译最多的是一些强势文化的文学资料，因为只有这样的作品被翻译出来才能获取更多人的关注。这种现象不论是在不同语言的相互翻译中，还是在不同文学作品的翻译中，都是表现得非常明显的。

比如罗马人曾经占领了希腊，他们认为自己是胜利的一方，希腊的文学作品是他们胜利的"奖品"，所以，罗马人就非常任意地对希腊文学作品进行翻译。

2. 文化对翻译的过程具有影响

翻译并不仅仅是两种不同语言之间单纯的交流，还是两种不同文化之间的交流，更是两种不同文明之间的交流。不只是语言对翻译具有重要的影响，社会因素和心理因素等也会对翻译的过程和结果产生重大的影响。从以上表述可以看出，翻译不只是两种语言之间的转换，还是两种不同文化形式之间的转换，更是两种文明意义上的转换。在对语言进行转换的时候，翻译要顾及整个交流过程中的语言环境，从而使读者根据自己的方式进行选择。在这里，我们所说的交流的语言环境实际上就是文化因素。文化既有相同的一面，也有多样化的一面。不论是什么样的文化，其都存在相通的地方。不论什么样的文化都有其各自的独特性，因而具有差异性。翻译的时候，最不易把握的就是文化的多样化。

概括来说，翻译可以分为两大阶段：理解和表达。理解是翻译精准、得当的前提；表达是落实这一标准的实际行动。无论是在理解阶段，还是在表达阶段，译者都必须结合文化因素来思考和选词造句[①]。比如说，不论是一本书还是一篇文章，其展现出来的不只是简单的知识，更多的是传达其中蕴含的文化内容，比如民族情感、个人情感、生活态度等。所以，翻译人员不能只是对作品表面性的文字进行理解，还需要对其中蕴含的内在精神进行把握。只有这样，才能真正把原文本的文化内涵表达出来。翻译人员需要对原文的文化性的东西进行了解和把握，但是，即便是这样，翻译人员也会受到自身文化属性的影响。因此，无论译者在翻译时怎么努力摒弃主观因素，也抛不掉自己身上的文化烙印。这种烙印根深蒂固，其影响会贯穿整个翻译过程。

---

① 韩婷. 文化差异对英汉翻译的影响［J］. 作家天地，2023（10）：123-125.

第二节 语言文化对比研究

诚然,学习翻译的相关知识应该学习具体的技巧,甚至学习古代、现代中国和外国的相关翻译理论。但在漫长的翻译之旅中,更应该从比较两种语言和文化开始。只有通过深刻的对比,从不同侧面去发现、了解两种语言的相似性和差异性,才能深刻地理解翻译中遇到的困难,才能更容易地解决问题。因为,翻译中的大多数问题源于两种语言之间的文化差异所造成的障碍。当然,对比不仅要看到差异,还要看到一致性。如果两种语言之间没有一致性或相似性,就不能进行翻译。

那么从哪些方面来分析和比较英汉两种语言呢?根据语言单位的大小进行逐一讨论后,似乎仍需要采用语言研究中常用的方法来进行研究。这是因为译者在翻译过程中最先听到或看到的总是一个声音或一个词,还有一个更为现实的比较方法是从一个更小的语言单元开始,然后是大一点的语言单元,最后是看语言之外的因素。

一、语言对比与文化对比

由于语言是翻译的基本要素,语言具有明显的异质性,在翻译过程中有必要对两种语言进行比较。此外,由于语言的异质性是文化差异性在语言中的具体体现,语言与文化的关系也密不可分。此外,翻译不仅涉及语言,还涉及更广泛的文化背景。所以,学习英语和汉语必须以学习英语和汉语文化为基础。

英汉翻译中语言文化对比的研究是通过寻找翻译中语言文化的客观规律和普遍性,这也是建立英汉翻译的科学依据。文化翻译的任务不是简单的翻译文化,广义的文化翻译涵盖所有文化信息的意义转换。

不同国家文化差异的表达反映了不同的文化起源,这也是导致不同国家的语言结构差异的心理学原因。因此,建立中国翻译学,就要基于中国的语言、文化、思维方式。

研究文化与翻译之间的关系,首先是基于上述研究文化和语言之间的关系,即文化对比研究与"比较文化语言学"的合二为一,因为必须通过语言的操作才能完成翻译的过程。

二、语言文化对比维度

(一)语言与文化的对比是翻译研究科学化的依归

从一种语言到另一种语言,其建立的意义如何?应如何转换和转换的程度、限度等一直是翻译理论界长期思考和探索的重要课题,其研究本身也总是离不开所涉及的语言和文化的对比分析[1]。

语言是文化和次文化纵向传承的"基因",是不同文化和次文化横向交流的桥梁[2]。不同的民族具有不同的文化,而作为传承文化基因的语言自然也就各不相同。语言的异质性决定了翻译的比较天性。所以,语言对比研究是翻译的基石之一,而对比研究的基本目的就是为语际交流提供对策[3]。比较分析可以是同步的,它揭示语言之间的一致性和分歧性,尤其是分歧性。从目的上看,可分为理论比较研究和应用比较研究两大类。根据翻译理论,比较研究应该是多维的。没有一种语言不根植于特定的文化,也没有一种文化不以某种自然语言的结构为中心。从根本上说,语言具有"文化功能而非生物功能"。语言与现实的关系就是语言与文化的关系。没有文化及其所代表的意义,语言将一无所有[4]。

翻译研究中的文化对比主要集中在语言中的文化因素和影响语言转换的除语言外的文化因素[5]。

---

[1] 曲燕. 英汉翻译的语言文化对比维度 [J]. 外语学刊, 2006 (05):96-98.
[2] 刘宓庆. 当代翻译理论 [M]. 北京:中国对外翻译出版公司, 1999:573.
[3] 邢福义. 文化语言学 [M]. 武汉:湖北教育出版社, 2000:3.
[4] 曲燕. 英汉翻译的语言文化对比维度 [J]. 外语学刊, 2006 (05):96-98.
[5] 曲燕. 英汉翻译的语言文化对比维度 [J]. 外语学刊, 2006 (05):96-98.

（二）语义如何转换是翻译研究的核心内容

"翻译旨在两种不同语言表达的篇章间建立等同，这种等同不是以译出语和目的语为基础，而必须永远以两个篇章的种类、对象，以两国人民的文化、伦理、知识、感情氛围等为基础，以不同时期的各种情况为参照。"[①]尽管意译的翻译理论强调摆脱源语言的语言形式和使用另一种语言理解、表达内容和情感，但它从未离开对双语的对比分析研究。强调"文化""摆脱语言形式"等多种因素并不意味着放弃，也不意味着翻译可以完全脱离双语表达的转换和选择模式[②]。不论何种翻译都是源于语义的传达和转换，都是翻译主体在一定历史条件下和文化背景下通过具体的语言转换进行的一种目的明确的实践活动[③]。

（三）语言是人类感知世界和表达认知的方式

语言是人类认知世界和表达认知结果的方式和过程[④]。作为人类文化信息的容器和载体，语言是人类特有的一种符号系统。它既可以反映人与人之间的关系，也可以担当认知事物的工具[⑤]。

第三节 文化与翻译对比研究

文化和翻译领域已经被众多学者多次涉足，所以研究的话题可能不会再引起什么新鲜感，但每当涉及翻译领域的范畴时，却无法避免这个话题的再次被讨论。

大多数人从文化因素在翻译过程中的作用这个角度来探讨文化与翻译的关系，这显然是最实用的方法。英汉翻译中无数的例子表明，没有文化的考虑，就没有成功的翻译。中外学者对此进行了无数的评论和探讨。当

---

① 刘和平. 释意学派口笔译理论[M]. 北京：中国对外翻译出版公司，2001：1.
② 曲燕. 英汉翻译的语言文化对比维度[J]. 外语学刊，2006（05），96-98.
③ 许钧. 论翻译活动的三个层面[J]. 外语教学与研究，1998（03）：49-54.
④ 杨自俭. 谈谈语言和语言学[J]. 外国语，2001（01），53-61.
⑤ 许国璋. 许国璋论语言[M]. 北京：外语教学与研究出版社，1999：1.

代翻译理论家奈达提出了一整套处理文化和翻译的理论和方法，其核心内容是"功能对等"原则。这一原则强调译者不应追求字面上的对应，而应在翻译中体现文化因素，以达到功能对等的目的。

一、人类最基本冲动的相通性

来自不同文化的人除了差异外，还有许多共同之处。如果来自不同文化的人没有相同的地方，跨文化交流就无法进行，翻译也无法进行。那从什么角度我们可以清楚地了解不同文化的差异和相似之处呢？谈到这个问题时，奈达非常深入地触及了人们的身体驱动力。人类的基本生理冲动（physical drives）和需求（needs）基本相同。不管什么国家、什么文化背景的人，在口渴时都想喝水，饿的时候都想吃饭，不会因文化不同而异。所以将"I am hungry"翻译成中文并不困难，因为中国文化中有完全相同的情况，并且有完全相对应的表达方式来表现出这句话的意思。也就是说，人类最基本的冲动和需求的表达在翻译中并不难，因为这种表达生理冲动和需求的语言在不同的文化中没有不同的含义，人类在这方面的生理反应是相同的。

根据上述理论，只有刺激人类生物感官的外部环境才是自然的，没有太多的文化差异。我们可以做个实验：一个人被锁在一个大花园里，花园里有各种各样的花草树木。但没有文字、没有音乐、没有图画、没有符号，就像人类"始祖"亚当、夏娃生活的环境一样。那这样的"大花园"及其人类就不能说有文化，当然也没有真正意义上的"人"。

二、人类较高层次冲动的差异

人类并不满足于他们的基本生理活动和自然环境，他们有更高的志向。因此，在饮用了清澈的泉水，解决了"口渴"的问题后，人类发明了酒，以满足自己口渴之外的欲望以及庆祝的需要。酒不再仅仅满足于解渴的需要，酒也带来了不同精神层面的文化。

人们不满足于基本的生理冲动和自然环境，也反映在人类对真理、生命和死亡、个人、集体等关键概念的强烈兴趣中。人们想知道生命的意义，想知道什么是对的，什么是错的，什么是应该为之奋斗的。这类问题并不像前面提到的那样容易回答，因为不同文化群体的人面对这些问题时，回答会完全不同。同样的事情对一个文化群体来说可能是好事；而在另一个文化中，人们可能会认为它是坏事而不予理会，甚至是摒弃。

除了这些主观的精神活动，上面提到的客观的、非情感的外部自然环境也可能被具有情感的人"点石成金"，赋予人文色彩。描述雨打在屋顶上的场景时可能是没有情感的客观描述，但相同的场景在诗人的口中却成为了"小楼一夜听春雨"。因此，区别属于物理或自然的符号和文化符号是非常重要的。许多自然现象，如风、霜、雪、雨等，一旦作者给穿上"衣服"，就可能具有了人文意义。天气预报里的雪是自然的，"独钓寒江雪"里的"雪"就是文化。当婴儿饥饿时哭泣是身体的生理表现，而成年人绝望时大喊是文化上的表现。婴儿的眼泪是"有形"的、"无意义"的，而成人的眼泪是"无形"的、"文化"的。母亲对孩子的保护是生物学的，中国孝子的行为是文化的。天空中一只天鹅的叫声是自然的，反映在诗人的心中就转化为文化。

因此，翻译工作者面临的最大挑战不是对科技资料的翻译，而是人类话语的翻译。虽然科技翻译中不仅要注重对客观现象的描述，还要解决翻译方法、翻译标准的统一问题，有一定的难度。但这些困难可以通过在相对短的时间内努力学习和工作来克服。但文学（包括文学、诗歌、戏剧等）翻译需要译者对取之不尽、用之不竭的文化因素进行理性与感性的理解，才能成功克服文化因素在翻译中的障碍。要做到这一点，短期的突击可能远远不够，它或许需要更长时间的努力，才能熟悉和掌握源语文化和目的语文化，克服翻译过程中存在的文化因素的障碍。

在描述人类冲动的不同层次时，奈达根据生理关系的深度和文化关系的距离将其排列如下：

审美活动

心理活动

体育运动（散步）

爱和被爱

饥饿

渴了

……

从上面的排列顺序我们可以看到，这种安排的最低层次是最基本的生理需要，与文化的关系是最深入的。可以说，从底层三个层面来看，人与动物没有区别。在较低的层次上讨论问题，来自不同文化背景的人通常可以达成一致。但更高的活动是动物所不具备的，比如精神和审美冲动，这是人类独有的。在这种高层次的冲动中，不同文化之间的差异可能很大。

因此，对于低级冲动词语的描述，比如口渴时哭着要水，饥饿时需要食物的情况，这种翻译工作做起来会相对比较容易；而针对不涉及人的主观因素，由于没有文化因素涉及，对译者造成困难也是可以克服的。相反，各种描述文化的话语（包括各种文学作品），就可能给译者带来巨大的困难和挑战。因为在翻译过程中，各种文化因素会相继"跳出"，这就需要译者进行持续不断的关注。在目标语言的语境中，这些特定的文化表达有时是难以接受的。

三、商业和高科技环境中的语言特点

当然，在商业和技术环境中，不同文化的语言会有很大的差异。广告就是一个例子，写广告的人试图在语言库中找到最感人的表达方式，所以广告语言色彩丰富，不统一。古人很早就说过："商人重利轻别离"。商人追求利润，不谈感情。因此，在国际商务活动中，每个人都是锱铢必较的。为了找到可行的运作方式，来自不同文化的人必须求同存异。因此，与商业有关的词语必须排除人与人之间的情感，合同是一堆冰冷的词汇，用来描述商业中冷酷、客观的事实，不同文化背景的商人会不同意某些说法。经过几次谈判,做出了一些修改,最终提出了各方都能接受的合同文本。生活在这种环境下的人不会使用丰富多彩的语言,否则会造成很大的混乱,不利于商业活动。虽然世界上有成千上万种语言,但是为了方便商务交流,避免混乱,人们不得不采用一种语言进行国际交流,以达到最大程度的统一,目前的语言是英语。虽然一些有意识的人会大声疾呼这样的不公正,但历史所做出的语言选择是很少有人能改变的。毕竟,在日益高涨的商业浪潮中,他们的声音微不足道。

现代社会的另一个重要方面是科学技术的普及。东方人可能不赞成一些西方的价值观,但他们从不拒绝来自西方的高科技。科学技术是自然的、客观的、没有人为因素的。因此,科学技术交流必须以标准化为前提,比如,对计算机指令的描述、对开胸手术的描述,必须精确而简明。作者不能在一个地方使用一个词,在另一个地方使用这个词的同义词,因此,作者使用语言的自由度非常有限。只有这样,世界上不同文化的人才能成功地交流。如果同样的事情用不同的方式说,结果会很混乱。由于高科技的起源大多在西方,尤其是在美国,所以科学技术的语言不可避免地以英语为主,汉语也不可避免地受到英语的影响。

生理和物理活动是人类必不可少的,精神和审美之间的活动也不可或缺,这是一个平衡。因此,我们不能排除商业和技术活动,就不能排除商业和技术活动的语言。如此简洁、标准化、有时甚至僵化的语言都有其存在的理由。但目前的趋势是,这种标准化的语言已经超出了它们的"生活空间",遍及语言交流的所有领域。因此,我们可以时常听到西方化的汉语,比如"非常严重的精神锻炼正在进行"。从长远来看,深埋在中国人心中的"文化底蕴"将被潜移默化,他们会忘记李白和杜甫,疏远朱自清和冰心;沉浸于网络世界的年轻男女们没有闲暇去欣赏余光中的诗歌,也懒得踏上余秋雨的文化之旅。这听起来很耸人听闻,但事实就是如此。如果你看看我们的出版物,不难相信中国文化的一个核心部分——汉语——正在经受考验。

那么,是谁造成了这种现象呢?任何人都不能责怪大众。大部分的西文都是由译者翻译的。如果我们不翻译,那些不懂英语的公众就不会编造出这么多令人困惑的表达。译者采用西方化翻译方法有两个原因。一方面是译者的懒惰，另一方面是译者在翻译观点上的错误。

首先，贪懒。综上所述，在翻译某些类型的文章时，应该采用更接近原文的翻译。当然，在所有情况下都使用这样的翻译是不可取的，因为有的时候，有的源语翻译成中文确实很困难，译者往往很难找到合适的翻译。很多译者在翻译的过程中并不会斟词酌句，而是采取一种懒惰的方式，简单粗暴地直译原文。事实上，在大多数情况下，对于译者来说，偷懒的唯一途径，因为译者自己都没有真正理解原文。

其次是译者的翻译思想本身就是错误的，认为接近原文的翻译就是忠实的翻译。有些人甚至认为译文必须和原文一样，否则就不忠实于原文，例如，"There are no limitations to the self except those you believe in"这句话译成"人自己没有种种局限，除非你画地为牢"。认为应该贴近原文的人则可能译成"对于自己是没有局限的，除非你相信那些局限。"对比一下两个译文，谁优谁劣是很清楚的。为了避免西方化的汉语，必须树立正确的翻译观，翻译必须像正常汉语表达一样，因为原文是把没有翻译的原读者代入来进行阅读的。

从基于人自身的情感表达到商业和科技环境中语言的特点，这些都是与文化和翻译相关的问题，译者首先应该自己理解和掌握。毕竟，如何处理翻译中的实际问题，应该把文化和翻译这一主要话题付诸实践。各种文体中最具文化特色的表达方式是隐喻和习语，每种语言都有自己独特的隐喻和习语。在现实社会中，法律、商业、科技等语言的扩张必然会排挤掉许多隐喻和刻板印象，因为这种文化表达在上述语言体裁中并不常见，而在日常生活语言和文学中普遍存在。

四、各种比喻或形象语言的用法

比喻和其他特定形式的语言表达（如成语）是活跃语言的组成部分。在翻译比喻和其他文化表达时，比较常用的方法主要有以下几种：

（1）根据翻译中的比喻而进行意译。

（2）将比喻从原文转换为直译。

（3）根据比喻的翻译，但加个注释。

（4）放弃比喻，用共通的语言来表达比喻的意义。

上述第一种情况的优点是保留了原文的特点，可以向目标语言的读者介绍源语言的表达。

第二种情况，将原文中的比喻转化为译文中的比喻。那么保留源语言的隐喻应该是翻译的首要考虑。

第三种翻译是保留原来的隐喻，然后再加上一个注释。这实际上是对第一个译本的补充。该方法的优点是既保留了原文的隐喻，又解释了原文隐喻的含义，例如，把"The tongue is a fire"译成"口舌如火，火能伤人，口舌亦然"，就是一个典型的例子。如果没有下面的说明，有些读者就无法把舌头和火联系起来。有经验的、了解中西文化差异的译者会给读者一个清晰的注解①。事实上，这种翻译类似于注释翻译，除了译者将脚注引入文本之外。

第四种翻译方法是放弃形象比喻，简单地使用通用语言。在翻译过程中，译者有时找不到目的语中相对应的比喻，但在原文中保留比喻不合适的情况下，也可以考虑翻译比喻的意义。在大量的日常翻译中，译者可以出于各种原因而抛弃比喻，尤其是当某些比喻的价值对整个翻译并不重要时。

最后，有必要指出比喻等形象表达并不是固定的语言材料。当比喻首次被引入到语言系统中时，它总是吸引着读者的极大关注，但随着时间的推移，比喻的颜色会褪色，新的比喻和新的形象用法层出不穷。少数幸运的比喻可能会在语言中停留很长一段时间，成为历史上遗留下来的比喻，但更多比喻和图像表达则逐渐退化为共同语言。这种比喻的演变不应该逃过译者敏锐的眼睛。

---

① 高丽华，骆敏. 各种比喻式形象语言的译法［J］. 泰安教育学院学报岱宗学刊，2006（04）：68-69.

第四节　文化翻译的原则与策略

一、英汉文化翻译的原则

（一）文化翻译原则的研究

谈及翻译的原则问题，行业内众人的说法不一。有人对翻译提出"译学无成规"的说法，认为翻译只是一种纯粹的实践活动，不需要什么指导原则。但更多的人认为"翻译是一门科学"，"每一个人的翻译实践都有一些区别于，自觉和不自觉在于那些原则是否符合客观规律"①。

由此可见，翻译原则是指导翻译实践的科学依据。历史上大量的翻译实践也证明，合理采用翻译原则对翻译实践活动进行指导会收到事半功倍的效果。

英国学者泰特勒提出的翻译三原则可以作为我们的指导思想：

（1）译文应完全复写出原作的思想。

（2）译文的风格和笔调应与原文的性质相同。

（3）译文应和原作一样流畅②。

中国的翻译家严复提出的"信、达、雅"三条标准更是多年来被我国学界奉为圭臬。

随着现代文化信息传递理论的发展，翻译理论也在不断发展。奈达提出的"功能对等"理论，特别强调翻译中的文化因素。当奈达把文化看作一个符号系统的时候，文化在翻译中获得了与语言相当的地位。因为翻译是随着文化之间的交流而产生和发展的，其任务就是把一种民族的文化传播到另一种民族文化中去。翻译不仅是语言的，更是文化的。从跨文化的角度，我们可以把翻译归结为文化再现（culture reappearance）③。

---

① 王伟. 文化翻译的原则与方法［J］. 文献资料，2010（15）：34-35.
② 孙利. 译者主体能动性的耗散结构探究［J］. 外语电化教学，2011（02）：71-75.
③ 王伟. 文化翻译的原则与方法［J］. 文献资料，2010（15）：34-35.

（二）文化再现原则

1. 再现源语文化信息

翻译的过程实质上就是信息转换的过程。因此，译者在翻译的过程中要深刻理解原文中所承载的文化信息，并在译文中尽可能地、完整地呈现出来，而不能拘泥于原文的字面意思，例如，英文It was Friday and soon they'd go out and get drunk. 如果我们按照字面意思，直译为：今天星期五，他们很快就会出去喝得酩酊大醉。读者可能就会奇怪，为什么星期五就可以或者应该大醉？其他时间不可以？而实际上，在英国，星期五是发工资的日子，工人们有了钱就可以去饭店改善生活了。因此，这个翻译如果添加几个字"是发薪的日子"，翻译成"今天星期五，是发薪的日子，他们很快就会出去喝的酩酊大醉"，读者就会明白，发工资了，庆祝一下，有可能喝醉的信息。

2. 再现源语文化特色

再现源语文化信息是指译者在文化翻译的过程中，要深刻理解原文所承载的文化信息并在译文中呈现出来，并力求保持源语文化的完整性和统一性，尤其不得随意抹杀或更改源语的民族文化色彩，例如，中国谚语"巧妇难为无米之炊"，如果翻译为"Even the cleverest housewife can't make bread without flour"，虽然迎合了欧美国家的传统，但却失去了中国的社会文化背景。因为，中国人知道面包、吃面包只是近现代的事情，而上述成语早已有之。如果翻译成"Even the cleverest housewife can't cook a meal without rice"就会更加符合中国的文化，符合中国的社会文化背景。

二、文化翻译的策略

（一）翻译策略的概念

"翻译策略"一词自引入以来，很快就成为我国翻译界的热词。并且是随着翻译研究的文化转向挟势东来，与文化学派的"阻抗""异化""改写"等词一并进入我国译坛。但迄今为止，即使是在西方，"翻译策略"也没有一个明确的定义①。

翻译策略和翻译方法在文化学派代表人物那里，二者并没有分得很清楚。韦努蒂提到异化、归化时，就没有分辨"策略"（strategy）和"方法"（method），而是二者交替出现。

中国学界，对"翻译策略""翻译方法""翻译技巧"三个词语也是三者混淆，但"翻译策略"一词用的最为普遍②。后文将统一使用"翻译策略"一词。

翻译策略是一个与翻译实务密切相关的概念，是每个翻译工作者与翻译研究者都需要弄清楚的问题。翻译策略是译者为达到或完成其整体目标而选择的一整套最佳翻译方式。翻译不仅是一种语际交际，更是一种跨文化交流。由于英汉两种文化中，人们在地理位置、文化背景、价值观念、生活方式等方面存在着很大的区别，并且英汉两种语言也属于两种不同的语系。因此，在翻译策略选择上文化因素往往是译者必须考虑的首要因素。

由于语言本身的特点、翻译目的的复杂性和翻译"形势发展"的多变性，翻译策略的采用是没有统一固定模式的。在翻译实践过程中，终极目标是使目标文本读起来像源语作品一样，而不是使用哪种翻译策略。

（二）翻译策略与翻译方法

翻译方法也就是要解决源语文本转换成译入语文本问题的门路和程序。翻译方法与翻译实务密切相关，与翻译策略紧密相连，二者常常被混为一谈，互相通用。翻译策略是翻译方法的指导原则，后者是前者在操作方法、技巧上的具体体现。与翻译策略一样，历史上人们常常按传统二元逻辑来加以区分，其中直译与意译这两种方法是在我国乃至世界翻译史上讨论最多、争论最为激烈的一个问题。之所以出现这些争论，其中既有技术层面上的优劣之辩，还有形而上地对翻译使命的不同思考。

---

① 方梦之. "翻译策略"何以成为我国翻译研究的第一高频词［J］. 上海翻译2022（02）：1-6+95.

② 方梦之. 应用翻译研究：原理、策略与技巧［M］. 上海：上海外语教育出版社，2013：99-100.

应该需要特别说明的是,虽然翻译方法上的二元对立是人们最为熟悉的传统。事实上,自古以来还有许多不以二元对立归类的、更加具体和微观的翻译操作方法和技巧,这里就不再一一赘述。

翻译实践表明,用现代翻译学的眼光看,也不应该机械地坚持所谓"死译""直译"和"意译"的三元对应。翻译的策略和方法不是一成不变的,应根据社会文化及语境的实际,进行量体裁衣,灵活处理。

总之,在选择翻译策略与方法的问题上,需要考虑作者的意图、翻译的目的、译文的功能和读者对象等因素,更重要的是在翻译过程中,译者自己首先就要有深刻的跨文化意识。

第三章 跨文化视域下的翻译研究

第一节 翻译研究与跨文化交际

一、翻译与文化传播研究的理论意义

我国改革开放以来，中外政治经济文化交流如雨后春笋般高速发展，取得了长足进展，翻译的作用和地位愈来愈重要。正如北京大学教授许渊冲所说，无论外国先进文化传播到国内，还是中国传统优秀文化在国外进行宣讲，都离不开翻译。因此，在全球化新时代的背景下，翻译取得了前所未有的地位。在这种背景下，如何培养新世纪的译者，如何用科学的翻译理论指导实践，自然成为翻译界的热点话题。

近年来，我国翻译理论的研究成果已卓有成效。虽然大部分的理论都有其合理性，但其中大部分似乎仅限于文学翻译。客观地讲，翻译实践远远超出了文学翻译领域并呈现出一种流行的态势。显然，对翻译与语言、翻译与文化、翻译和交际的关系进行分析和理解，有助于理解翻译的性质、翻译的功能及其作用和地位，最终成为翻译本体论研究的重要组成部分。

跨文化交际活动离不开人的语言和原始符号，通过这些语言、符号来传达信息、实现沟通的价值和重建的意义。翻译作为跨文化交际的主要方式，需要更多地依赖语言和符号而不是其他因素。没有语言和符号，翻译是不可能实现的。

（一）翻译和跨文化交流离不开语言和符号

没有传播，符号就没有了意义，文化也就失去了它存在的可能。因

此,跨文化交际活动离不开人的语言和原始符号,它是通过这些语言、符号来传达信息、实现沟通的价值和重建的意义。翻译作为跨文化交际的主要方式,需要更多地依赖于语言和符号而不是其他因素。没有语言和符号,翻译是不可能实现的。

(二)翻译和跨文化交流都是有目的

人类的任何主动行为都是有目的的,翻译也不例外。斯坦纳(Steiner)认为,"翻译之所以存在,是因为人们讲不同的语言"。所以,翻译活动最根本的目的就是让不懂原文(source language)的读者通过译文(target language)知道、了解甚至欣赏原文的思想内容及其文体风格。当然,翻译作为人类一种特殊的主动行为,每一个具体的翻译实践必然也有特殊的目的。随着对翻译理论研究的逐步深入,人们对翻译的目的也有了各种论述,如有人认为中国古代大规模翻译佛经是统治者为了麻痹人民的神经,对人进行精神控制,从而巩固其统治地位;严复翻译西方学术经典则是为了让国人学习西方的自然科学和民主政治制度;而徐光启、李之藻等人翻译西方科技著作,则是为了"裨益民用"。在西方,翻译文化学派则认为,翻译的目的是使译文在目标语文化中实现原文的源语文化中所实现的功能;而以奈达为代表的功能派则认为,原文和译文所追求的目的可能大不相同;甚至,有的译者仅仅是为了赚钱而翻译。

跨文化同样如此。跨文化交流是两种不同的文化为了传递信息、观念、感情等沟通的一种有意识、有目的的自觉活动。在这个过程中,传播者会对信息进行收集、选择、加工和处理,每一个环节都是有意识、有目的的[1]。

(三)翻译和跨文化交流是交互式的

翻译活动和跨文化交际都是双向的,译者(传播者)和读者(接受者)在这个过程中会共享信息、交流信息。在这种双向传播交流中,信息传播者和接收者的作用是对等的,双方是互动关系[2]。有人认为这种双向式

---

[1] 王英鹏. 跨文化传播视域下的翻译功能研究[D]. 上海:上海外国语大学,2012:17.
[2] 王英鹏. 跨文化传播视域下的翻译功能研究[D]. 上海:上海外国语大学,2012:17.

的文化传播模式与奈达的翻译动态对等（dynamic equivalence）模式非常类似[1]。作为一种翻译测试方法，翻译"动态对等"是奈达对翻译质量指标的一个要求，是指译文读者对译文的反应相当于原文读者对原文的反应。翻译文本质量的测试是在对目标文本和原文读者理解比较的基础上进行的，只有当读者理解译文时，才能正确判断译文是否正确。

因为文化是动态的，总是在不断进行互动与传播；同时文化还是多元的、异质的，所以它的传播不是封闭的、单向的，而是互动的、双向的，有时候甚至是多维的，这是跨文化交流和作为跨文化交流的共性特征的翻译所共有的特征[2]。

二、翻译沟通的概念

从国际交流的媒介、跨文化交际的角度来看，由于国际交往在很大程度上涉及民族的语言与文化问题，因此，国际传播（传播的分支）应更多侧重于语言、文化及其关系上，也应该更加注重语言和文化的主体——"人"。但实际上，直到目前为止，在国际交流的话语中，"人"仍然不是精神创造的主体，而是沟通的对象——受众。因此根据翻译理论，国际交往的存在最终必须服从人类社会的基本需要——沟通与对抗。

鉴于上述理由，国际交流理论需回答其自身的属性和归属问题，而不是简单的把工具理论进行一个复制粘贴；至少应该对语言的作用和功能进行分析，特别是对语言的功能性进行分析，使民族文化得到有效传播和保护。从这个意义上讲，另一种跨文化交际的分支也应该增加对语言的重视，而不是采取"回避"的态度，或者只用语言来解决沟通上的障碍，而忽视了语言文化角色的提升。

总之，国际传播研究和跨文化传播研究应超越交际的束缚，注重人的生存及人与语言的关系，而不仅仅是讨论"非客观"因素，诸如国际、

---

[1] 罗选民. 文化传播与翻译研究 [J]. 中国外语. 2008（04）：91-94.
[2] 王英鹏. 跨文化传播视域下的翻译功能研究 [D]. 上海：上海外国语大学，2012：17.

政治、媒体和效果等因素。语言与文化作为"非人性"的一个因素，是"交际"否定"客体"事物的障碍。然而，从翻译学的角度来看，语言不是障碍而是帮手，文化也不是"困难"，语言多样性和文化多样性是全人类共有的宝贵财富。在这里，国际交流和跨文化交际找到了共同的话语体系——语言交际，或者可以说是"对话"。因为"对话"才是人类交际的本质，是共同的国际传播与跨文化交际与理解的基本观点。从这个意义上讲，所有媒体技术在传播状态下都是这一根本性质的发展、延伸。因此，国际传播与跨文化交际可以找到一套真正意义上的学术话语和理论体系，而不是机械地照搬一定的交际公式，无论是"宣传理论""媒介理论""霸权理论"或是"技术决定论"，翻译理论的真正意义就体现于此。

根据翻译理论，人类发明了不同语言的符号系统——媒介技术，其根本目的是扩展语言系统，提高语言交际的功能与方式，而不是改变其属性。一个人发明媒介的根本动机是促进"对话"的有效性，同时保持这种对话的基本属性。在全球化时代，媒介技术的进步缩短了人与人的时空距离。从国际交往的表面上，有大量的"谈话"（媒体霸权、语言霸权、文化霸权）取代了人们关心的合理的"对话"；然而，人类沟通的本质力量并没有改变，人类用来思考和表达思想的语言也没有改变——媒体用来携带信息的语言多样性并没有发生改变。正是这种多样性足以使人类的沟通处于正常的"对话"状态，使人类社会始终处于对立统一之中。这是翻译语言中的"道""人道"和"翻译"的方式，而这些"平凡的方式"的共同功能是人类通过语言及其外延延续下来的。这种"道"是其根本存在方式，但不易被认可，也因为非常"特别"，而经常被"遮蔽"。

在沟通的话语中，沟通（言语）遮蔽了沟通（谈话），媒体（技术）遮蔽了语言（载体），语言（形式）掩盖了思想（内容）。在语言学的话语中，"文本意义"（语言）模糊了"人本思想"（精神）。

以上论述揭示了两个事物特征之间的关系：现象与本质的区别。从这个意义上来看，翻译思想更贴近媒介的本质、语言的本质和交际的本质。

（一）翻译中跨文化交际功能的诠释

人与人之间的交流，文化与文化之间的传播，都需要语言作为中介。"语言成就了世界，传播缩小了世界，翻译沟通了世界。"[①]作为跨语言、跨文化的一种社会实践活动，翻译可以传播世界不同的声音。翻译可以作为沟通世界的桥梁、纽带，可以传递思想、丰富语言、开发智力、开阔视野，使世界不同的民族、国家、文化之间互通有无、取长补短，从而作为世界的粘合剂、文明共进的催化剂，推动历史演进。总之，只有通过翻译，我们才能把人类社会的不同文明推向一个更高层次的发展阶段[②]。

（二）翻译是跨文化交际的桥梁

随着人类社会的发展，人们越来越发现，任何国家和个人都不能"闭门造车"，固步自封。因为每个国家和民族的历史传统、文化积淀、基本国情不尽一致，其文化建设必然有着自己的特色。因此，各个国家、民族之间必须用有效的文明交流超越文明隔阂，用文明互鉴代替文明冲突，用文明包容超越文明优越，推动世界文明的多样化发展。而在这个过程中，如前所述，由于各个国家、民族之间语言的不同，翻译就可以起到一座座桥梁、一根根纽带的作用，方便了不同文化之间的信息传递、文化交流。总之，翻译在人类文化交流中起着"至关重要的作用"——不仅起着交流、借鉴的作用，更具有创造的功能[③]。

三、文化翻译产生翻译文化

所谓"文化翻译"，是指把一种文化翻译成另一种文化的动态过程。所谓"翻译文化"，它是"文化翻译的结果"，是指以某种翻译理论和实践为研究对象，并在对其进行研究的过程中所产生的文化，包括翻译标准、翻译方法（翻译策略）、翻译批评等一系列和翻译研究有关的内容[④]。

---

① 王英鹏. 跨文化传播视域下的翻译功能研究［D］. 上海：上海外国语大学，2012：19.
② 王英鹏. 跨文化传播视域下的翻译功能研究［D］. 上海：上海外国语大学，2012：19.
③ 许钧，穆雷. 翻译学概论［M］. 南京：译林出版社，2009：18.
④ 王英鹏. 跨文化传播视域下的翻译功能研究［D］. 上海：上海外国语大学，2012：19.

为什么说翻译文化源于文化翻译呢？作为跨文化交际的中介，翻译实践参与了文化符号的解码和编码活动，自然同时具有文化和交际的双重性。翻译过程本身既是一种文化行为，又是一种交际活动，是跨文化信息在语际交流过程中的传播。这样，译者在自身的知识范围、经验、世界观、价值观等因素的基础上，受另一种社会文化环境的影响和制约，形成了一种新的文化，即"翻译文化"。

例如，在研究清末到20世纪30年代中国翻译文化的基础上，黄焰结总结了这几十年的翻译文化，即：首先，"五四"前流行的以译语为中心的翻译诗学，在"五四"以后转变为以原语为依归的"信"的诗学；其次，社团翻译得以蓬勃发展；再次，不同的翻译诗学主导了不同时期的翻译规范，在翻译选择上表现为从单一的"强国模式"（欧日文学作品为主）发展到"普罗模式"（俄苏日无产阶级文学作品）、"西化模式"（欧美文学作品）、"弱国模式"（弱小民族文学作品）等多种译介模式共存。另外，在文类译介上，从小说翻译为主发展为诗歌、小说戏剧、散文等各种文学品类翻译的共同繁荣；在翻译策略上表现为从意译发展到直译；在翻译语言上则是从雅化的文言过渡到欧化的白话[①]。

第二节 翻译研究的文化途径

一、跨文化研究的理论范式

虽然20世纪的最后20年里，在跨文化研究领域基本上没有较大进展。但随着人类社会学、语言学、文艺、文化等人文学科的建立和发展，翻译研究一直备受上述研究的启发和滋养，并被用作翻译研究的手段，也由此逐渐形成了解释翻译原则、要求和方法的一些理论和方法。因此，学习语

---

① 黄焰结. 翻译文化的历史嬗变：从清末至1930年代［J］. 语言与翻译，2014（01）：47-59.

言学理论被称为语言学派的翻译研究,他们一般倾向于学习艺术方面的知识,学习文学方面的文化。中国学者因习惯于"学校"模式,因而使用其他范式。翻译研究的主要范式可以归纳为 "中国文学范式、语言范式、文学范式、诠释学范式、解构主义范式、文化转向范式、后殖民范式和文化范式"。这里主要阐述三种范式,即:文字学范式、语言范式和"文化转向"范式。

(一)文字学范式

语言学是一门古老的科学。它的定义非常广泛但不精确。韦伯斯特对文字的定义是:研究书面记录,特别是文学文本,以确定其真实性与意义等。中国的"词典"对文字的定义为:"强调文学的观点,从语言的角度来看待主题的一般名称。"它包括文字学、音韵学、注释、归类等。英汉两种定义在两个方面是相似的。首先,研究对象是以文学文本为基础的古代文学,其次,研究方法主要是文本的批评和注释。

广义的语言学包括语言和文学,但在汉语翻译研究中对语言和文学的重视程度却不尽相同。注重语言范式的语言学,基于语义比较,语言结构比较寻求对等的特征。这里可以借助朱光潜的翻译理论来进行论述。虽然朱光潜是一位哲学家和美学家,但他在"谈翻译"一文中论述了如何忠实于文学作品的翻译,并在文中写道:"'直译'偏重对于原文的忠实,'意译'偏重译文语气的顺畅……依我看,直译和意译的分别根本不应存在……。"他还在文中指出译者要理解几个不同词的含义,就必须弄清课文中是否使用了一个特殊的时代、地域或阶级习惯、特殊联想和情感氛围,并在阅读作品之前,需要细细咀嚼所有可能包含的意思。但这种方式是不容易实现的,需要很长时间的文字训练和修养。翻译中只有深入的进行语义探索和比较,才不会在具体的翻译过程中发生错误,最终导致翻译过来的作品不忠实于原文,甚至造成歧义和误解。

中国文学范式有三个特点:①讨论的范围仅限于文学作品的翻译;②翻译是艺术,也是文学翻译中艺术的再创造;③在原作品中展示魅力和形象(即内容和形式),当舍"形貌"而留"神韵"。文学范式中的傅雷"神似论"、钱钟书的"化境论"以及焦菊隐等的"整体(全局)论"等观点，被视为中国传统翻译思想走向成熟并到达鼎盛时期的代表；而其中的"重神似而不重形似"和"意境的转化"实际上是对茅盾"神韵论"观点的继承和发展。一些人认为中国文学范式中的文艺派始于严复的"信实"，但实际上严复的评论属于语言学范式中的语言学派。

语言学范式的特点是通过对语言词语与句子的比较来寻求相互代表，其最终目的是使翻译既可信又流畅；如果不可信的话，不同的译者可以采用不同的策略，如：直译或意译，又或者是倾向形式或内容。翻译的质量取决于译者的才能和禀赋，译者只有根据英汉对比的词类，进行广泛而又深入的研究，才能翻译出好的作品。而这和译者天生的才能和禀赋又有极大的关系。

（二）语言范式

以索绪尔的研究为基础，整个语言学研究在20世纪取得了巨大的进步，并由此形成了以乔姆斯基、韩礼德系统—功能语法、费尔莫语法等构成的现代语言学体系。从语言学本身的角度来看，语义学、语用学、语言赋学和语篇研究已与其他学科相结合，形成了一些边缘学科，如心理语言学、社会语言学、文化语言学、比较语言学等。这些理论为基于语言学的翻译研究创造了良好的条件，从而为语言范式的翻译研究提供了机遇，同时也为西方历史上不同倾向流派的繁荣奠定基础。虽然语言学范式的研究存在着不同的理论背景，但也存在着以下相似之处。

（1）翻译研究被认为是一种语言活动，属于语言学范畴，甚至被视为语言学应用语言学的一个分支。

（2）任何语言都是翻译的。语言是认知客观现实的工具。人自身的生命与外在的目标基本相同，人的认知思维的表达是可以相互沟通联系的，所以语言表达的思维有很多共同点。虽然语言和语言结构之间存在差异，但大多数都可以找到相对应或相似的表达，因为在人类的体验和表达中有一个共同的核心。

（3）不同文学流派主要研究的文学范式不同，语言范式研究各种类型的文本翻译，不同的读者对不同的内容提出不同的要求。奈达主要从事《圣经》翻译和翻译理论的研究，他虽提出"功能对等"理论，但过于注重内容，而因此忽略了形式。纽马克研究的内容了包括科学、哲学、文学、诗歌在内的文学文体的翻译。他不同意奈达的观点，提出了交际翻译和语义翻译等不同概念。交际翻译适用于技术文本，即信息风格；语义翻译适用于"表现力文本"，即抒情文体。交际翻译密切关注读者，使翻译更加自然；语义翻译则认为，任何情况下，译文都应该忠实于原文的语义，而不能自由"创作"。

（4）直接、清晰的微文化意识，间接模糊的宏观文化意识。大多数语言范式的研究者认为，翻译是一种语言活动，它改变了语言的意义，但没有直接处理翻译中的文化问题。只有 Shvi 的定义，才直接指出了文化因素，他说：翻译是语际和文化交际过程的单向或双向的转换。在这个过程中，在对原文分析的基础上，我们创造了另一种语言和文化媒介来取代原文的话语。这一过程的目的是传达原文话语的交际效应，但在两种语言、两个文化和两个交际情境中也存在着一些变化。在文化意识方面，我们可以从许多语言范式的讨论中看到，他们已经意识到语言中包含的微文化。

（三）"文化转向"范式

自20世纪以来，由于文化人类学、文化符号学的发展，文化研究取得了丰硕的成果。语言学的发展形成了许多边缘交叉学科，如语义学、语用学、社会语言学、社交符号学等。翻译研究的语言范式因其影响而发生改变，并开始具有"文化"意识。从简单的静态语言转换法开始注重翻译过程中文化因素的作用和影响，使其从语言学（如应用语言学）中剥离开来而独立。与此同时，比较文学范畴下的翻译研究也与比较文学模型发生关联，结合了独立语言学和比较文学两股发展势力后，在较高的文化层次上拓宽了翻译研究的范围；而其中涉及宏观文化和微观文化的研究等问题，也使翻译研究从零散的经验语言学范式转变为静态孤立的语言学范式，再转化到一个以文化因素为重点的动态开放的研究范式，我们称之为翻译研究的"文化转向"范式。

翻译研究的"文化转向"经历了一个漫长的历史过程。20世纪70年代，吉迪恩·图里（Gideon Toury）根据系统翻译规范理论为翻译的"文化转向"奠定思想基础；到西奥·何曼思（Theo Hemans）和切斯特曼

（Chesterman）为代表的描写学派的巩固、扩大和更新,直到20世纪90年代,詹姆斯·福尔摩斯创建了"文化转折"范式。他在1972年发表了《翻译的名称和现实(翻译研究的名称和性质)》一文,后来又集中发表在1988年出版的《文学翻译和翻译研究》,这个研究成为翻译研究的理论基础。

这个研究范式的性质和特点是什么？何曼思在其"翻译研究及其新范式"中总结出相关性质：简单地说,他们把文学视为一个复杂而动态的系统,认为理论模型与实际案例研究之间存在着持续的互动关系,文学翻译研究具有描述性、翻译中心、功能性和系统性的特点。他们感兴趣的是有关生成和接受过程的管理和约束机制,翻译与其他类型文本处理之间的关系感,在翻译工作中的地位和作用,以及特定文学与不同文学的互动。

文化转向范式研究的范围与重点：(1)研究的范围是文学翻译(不包括政治、科技、应用和其他文体翻译);(2)文学是一个复杂的动态系统(也是一个多元的系统);(3)翻译研究应以描述性(非规定性)来确定;(4)翻译研究是有用的(为不同的目的而确定);(5)研究对象是翻译(不是原文和翻译的关系);(6)翻译和其他文章类型的关系(翻译或重写);(7)翻译者产生和接受的规范性和限制性机制(文化操纵因素)。

在继续发展特拉维夫学派的基础上,探索如何接受译语的文化背景条件及特征以及研究文化交际的规则及翻译现象的规律,构成了埃文·佐哈尔(Even—Zohar)这一范式的理论渊源和学术基础。在霍姆斯理论的基础上以及佐哈尔(Zohar)多元系统理论的影响下,不同的学者因其不同的社会文化条件而具有不同的研究重点,从而形成了各种翻译理论：如多元系统理论、"描述"或"常规"理论、目的论、"折射"和"重写理论""文化转向"和"操纵"理论等。

二、翻译研究中的文化范式转换

20世纪以来,翻译研究逐渐步入跨学科研究阶段。特别是20世纪90年代以来，翻译研究实现了从内部研究到外部研究的"文化转向"。从历史、政治、社会文化的角度看，这种翻译现象的学术浪潮席卷了整个翻译界。在接下来的几十年里，它引领了翻译研究的主流话语权。同时，就像催化剂一样，极大地促进了翻译科学的学科建设。当代女权主义派和操纵派将"文化转向"推向当代翻译研究的中心地位，而中心之中心的当属是文化派的翻译理论。它以文化多元性、理论渗透和学科整合为特征，将翻译视为一种文化现象，提倡目标语言与原文的互动，使微观结构的描述让路给宏观的文化阐释。"文化转向"从纯语言学的角度对翻译进行了研究，探讨了翻译与文化因素的关系，极大地拓展了翻译研究的范围，为翻译研究的新范式提供了新的路径。文化范式的转变是翻译研究的新突破。

（一）文化变迁和文化范式

翻译研究主要包括语言学范式、文学艺术范式、诠释学范式、解构主义、"文化转向"范式和后殖民翻译理论。大多数范式把注意力集中在从源语言到目的语语言的输出过程中，只有"文化转向"范式是不同的。"文化转向"范式主张者认为，他们的研究重点是翻译后的产品。他们把翻译视为一种文学事实，并观察和讨论其在目标语言文化中的地位、作用和影响，特别是在目标语篇的系统中。因此，他们所谓的"文化转向"，简而言之，就是翻译研究的重点从语言转换转变为文化操纵因素：影响文本选择的因素、译者的选择、翻译过程前的翻译策略选择以及影响翻译过程中宏观文化和微观文化加工的因素，特别是翻译完成后产生的文本，即各种改写文本在目标语言文化的控制下如何影响地位的实现。"文化转向"范式突破了翻译过程，不局限于语言转换的研究，开辟了一个非常广阔的领域，尤其注重翻译中的文化问题。因此这一理论一经提出，就被广大的翻译界所关注，并得到了充分的肯定。但随着研究的深入，其局限性越来越明显：他们放弃了翻译研究的本体；不重视翻译语言的产生过程，特别是语言转换的流程。由于其根本缺陷，我们并没有将"文化转向"理论作为文化学派或文化研究范式。

我们提出的翻译研究的文化范式不同于"文化转向"和其他范式。文化范式与"文化转向"的根本区别在于，无论文化操纵因素多么重要，翻译研究的本体应该是从源语言到翻译的语言。文化范式与其他范式的区别在于：首先，翻译输出的研究不仅限于语言转换，还可以是文本的宏观文化和微观文化以及文化的整合和同化；其次，翻译研究的领域不应局限于翻译过程，而应包括翻译前、翻译中和翻译后三阶段翻译中的文化操纵因素。

跨文化翻译是通过将语言意义转移为文化载体来移植文化的传播活动。这个定义可以归纳为"三成分的翻译"：转换语言、传递意义、移植文化。转换语言是翻译，其最初的目的是传达意义，终极目标是移植文化，这里涉及翻译最基本的要素——语言、意义和文化以及相关问题的五个方面。

1. 天然载体和人工载体

语言作为文化的载体，具有自然性和人为性。《红楼梦》是中国传统文化的承载和继承，中国人是自然的载体，《红楼梦》已翻译成英文、法文等多种语言，英法等国也有《红楼梦》文化，但他们不是《红楼梦》文化的自然载体。但如果创造一个能够自然胜任《红楼梦》文化的其他国家的承载者，也就是让英国、法国等国家拥有一个人造载体，它会显得不太自然，并不能完全胜任。此时必须经过加工和改造使其尽可能自然、完美地承载《红楼梦》文化。

2. 语言和文化意义

转移意义是翻译的初始任务，也是首要任务，因此"什么是意义"是翻译研究中重要的课题之一。语言的翻译有两个意义：语言意义和文化意义。语言意义是词汇在正常句法结构中没有语境参与而组织的静态意义；文化意义，简单来说就是与这种民族文化相关的外延意义和附加意义，即具有语境参与以及语言使用意向的动态意义。具体来说，文化意义是语言各个方面所包含的微文化，包括语义文化、语言结构文化和语用文化。

3. 宏观文化与微观文化

如果传达意义是翻译的首要任务，那么移植文本的宏观文化是翻译的终极目标。文本文化包括宏观文化和微观文化。在翻译的定义中，我们只把文化移植到目标语言中，而不是具体的宏观文化或微观文化，因此在翻译中，我们应该区分宏观文化和微观文化。

首先，移植文本的宏观文化不仅是翻译的终极目标，也是翻译的最低要求，如果译者主观上不愿意或客观上不能这样做，它就失去了翻译的意义。其次，必须进行宏观文化的移植，才能做到这一点。在微观文化方面，对目标语言文化的全面移植是不可能的，也不一定是必要的。这是因为目标语言是一种人工载体，它没有与自然载体相同的词汇、修辞、表达方法和结构。人工载体受其本土文化的制约，受译者个人和经验理解的影响，其微观文化只能部分地移植到目标语言文化中。移植规模的大小及其影响，取决于译者的语言能力和文化素养，译者的翻译策略，对目标语言文化的操纵。翻译中的宏观文化与微观文化的关系是一种矛盾统一的辩证关系。一般而言，微观文化移植的规模越大，宏观文化在目标文化中的成功就越大，这种关系是正相关的。当然，情况并非总是如此，有时微观文化的变化很大，移植到目标语文化部分相对较小，但移植宏观文化效果较好，可以接受为目标语言文化。

4. 跨文化翻译和文化翻译

文化翻译和跨文化翻译，这是翻译界频繁使用的两个术语。他们是两个概念还是本来就是一个概念，一直是一个有争议的话题。在这里，为了讨论的方便，我们认为它们就是一个概念，或者是一个含义的两种称呼。原因如下：

首先，如前所述，翻译本来就是两种语言之间的转换。毫无疑问，这是一种跨文化的实践活动；其次，语言反映文化，又受文化的制约，语言与文化的密切关系注定了翻译与文化的关系；并且，翻译的主要目的就是借助外来文化的丰富性和发展本土文化。也就是说，翻译不仅是两种语言之间的转换，更是两种文化和思维的移植和转换。在源语和目的语之间，不仅语言不同，更重要的是其文化背景、传统习惯、思维方式、价值观念等的差异，他们各自负载的文化气息和时代烙印也就大相径庭了。这样，"翻译不是翻译语言，而是翻译文化"，也就是说，文化差异的传递或转换是跨文化交流不可忽略的因素。

5. 跨文化翻译与目标语言的丰富与完善

跨文化翻译是在翻译研究中引入文化因素后而定义的一种文化交流活

动。跨文化翻译的主要目的是文化交流，但它不仅仅为了文化交流，还承担着丰富和完善目标语言的重任，这种例子可以说是比比皆是。

一个典型的例子就是中国"五四"以来翻译对汉语的影响。鸦片战争以来，随着清政府在军事和政治上的失败，国人不但在军事和政治上极度不自信，在文化上也开始不自信。证据之一就是，"五四"新文化运动的一个目标就是摈弃所有的中国文化传统，喊出的口号就是"打倒孔家店"，全面引进和模仿西方文化以重建中国新的文化。体现在翻译上就是"破旧立新""借体寄生"，具体表现就是对外国文学的极度推崇和尊重，翻译应该是尊重原文为原则，有的甚至是逐字逐句的"直译"，"以严格地尽量保全原文的文法与口气"。正是这种自"五四"以来大行其道的直译的白话文逐渐演绎成了现代的白话文，从而使中国文学在语言形式上与文言文决绝。

不仅如此，翻译还极大地扩充了汉语的词汇量。在《汉语外来词词典》中，收录的外来语词条中，单借用英语外来词的词条就高达4645条。

（二）文化研究范式转变的意义

目前，翻译研究的"文化转向"已发展成为一个遍及翻译研究各个角落的学术趋势。文化翻译的视角和范围逐步扩大，将文化翻译与社会、文化、历史、意识形态等联系起来，形成了翻译研究的文化转向。

翻译研究的文化转向在文学翻译研究和对社会文化的理解中具有重要的历史意义。翻译研究的文化转向不仅是对翻译理解的深化，更是对翻译主体的进一步发展，也是对文学翻译与社会文化关系的新的理解和阐释。翻译是语言的转换，是语言所承载的文化信息的交换与转化，它与文化的发展有着多重的联系。探索文学翻译的文化特征和文化内涵，是对人类行为模式和人类社会发展的有效认识。

西方学者的研究为我们从文化理论角度进行深入研究提供了方法与启示，也为我们从更广阔的语境进行深入研究打下了基础。但还有许多问题需要完善。

一是现有的翻译研究大多以西方文化语境为基础，对文学翻译的理解缺乏对整个人类文化的视野。

二是现有研究方法缺乏综合考虑人文学科性质的研究，方法过于单一。许多是从理论的角度思考，从哲学层面探讨翻译与社会文化的关系，缺乏对客观现象的描述和经验数据。

三是现有研究主要进行横向研究，缺乏历史纵向对比。他们大多注重不同文化形态的对比，缺乏对民族文化内部结构变迁的分析。近几十年来，翻译深受"强""弱"文化关系影响，这也极大地影响了翻译文化的发展，导致的结果就是翻译研究局限于民族文化的结构形式，而忽视了文学翻译的民族文化。

最后，强调社会客观因素对翻译的影响，甚至强调了社会的制约作用，而大大忽视了译者的主体性和个体的意识形态差异。

鉴于上面的论述，有必要进一步研究翻译与社会文化的关系，拓展研究方法。翻译和社会文化是一个复杂的系统，系统的功能不是单向、片面的，而是有事物之间的互动，它的内在关系需要进一步探索，在理论假说的框架下进行更深层次维度的探索是必要的。

第三节　跨文化视角转换的原因

一、从跨文化的角度看转换的起源

（一）地理和自然环境的差异

每一个民族的文化都在一个具体的地理环境、气候环境、政治环境之中产生，民族的历史也各不相同，这必然让各个民族的语言具有浓厚的民族特色。

比如，在中英文学中对"东风""西风"的描述。由于我国处在大陆东部，季风气候显著，夏季受东南季风影响明显，多东南风，高温多雨；冬季则受西北季风影响，寒冷干燥。并且按照中国传统文化：东方者春，春之为言蠢也，产万物者圣也。（《礼记·乡饮酒义》）所以，在中国，"东风"意味着冬去春来，风和日暖，让人联想到春风拂面、草长莺飞，一派鲜活景象；甚至词典里面，"东风"一词除了有从东面吹来的风的义项，还有一个专指春风的义项。因此，和东风有关的诗词也大多和春天有关，比如："东风吹碧草，年华换、行客老沧洲"（宋·秦观）、"昨夜东风入武阳，陌头杨柳黄金色"（唐·李白）、"等闲识得东风面，万紫千红总是春"（宋·朱熹）等等。

相反地，西方者秋，秋之为言愁也。（《礼记·乡饮酒义》）自然，西风则意味着冬天，让人感觉寒冷萧杀；同样地，词典里面"西风"除了指从西面吹来的风外，也有秋风的义项。而和"西风"有关的诗词也会让人感到刺骨的萧杀，比如："枯藤老树昏鸦，小桥流水人家，古道西风瘦马，夕阳西下，断肠人在天涯。"（元·马致远）、"莫道不消魂，帘卷西风，人比黄花瘦。"（宋·李清照）、"西风烈，长空雁叫霜晨月"（毛泽东）等等。

而在英国，由于英国是温带海洋性气候，东风是来自欧洲大陆的刺骨的寒流，寒冷干燥；而西风则来自海洋，温暖湿润。故而描述东风就有这样的句子，"biting east winds（刺骨的东风）"（Samuel Butler）、"a keen east wind（凛冽的东风）"（James Joyce）、"a piercing east wind（刺骨的东风）"（Kirlup），对西风的描写则是"It's a warm wind, the west wind, full of birds' cries.（那是温暖的西风，西风吹来，百鸟争鸣）"（Samuel Bulter）[①]。

另外，有的事物在特定文化内能给人以美好的联想，具有丰富的内涵和外延，而在另外文化里可能让别人莫名其妙，例如，中国是农耕文明，耕牛长期以来就是重要的生产工具，和人们的生活息息相关，和农民朝夕相处，给中国人以勤劳吃苦、甘愿奉献的精神。因此，在中国人的日常用语和诗词里有大量和牛有关的用语，比如，常用的成语有"执牛耳、钻牛角尖、犀牛望月、杀鸡焉用牛刀、如牛负重、气冲斗牛、气喘如牛、敲牛宰马、庖丁解牛、宁为鸡口，无为牛后、牛毛细雨、牛刀小试、泥牛入海、牛不喝水强按头、牛头不对马嘴、牛头马面、牛鬼蛇神、牛高马大、

[①] 胡荣慧. 英语翻译中跨文化视角转换及翻译技巧［D］. 北京：中央民族大学，2012：21.

牛黄狗宝";有关牛的诗句也是不胜枚举:"横眉冷对千夫指,俯首甘为孺子牛""烹羊宰牛且为乐,会须一饮三百杯。"与中国不同的是,西方是游牧民族,马在他们的日常生活中和中国的牛一样重要,所以英美文化中的马是辛勤劳动的象征。

因此,在翻译汉语成语"力大如牛"这个词时,考虑到英美国家的读者对马的感情,翻译成"as strong as a horse",而不是直译成"as strong as a cattle"。

(二)社会历史和文化背景的差异

由于各个民族所处的地理环境、气候环境等都是不一样的,由此造成人们的社会实践和生活实践大相径庭,而反映实践的语言和文化也就顺理成章地呈现百花争艳的景象,这就是文化差异的根源所在。各个民族为了互通有无,翻译也就应运而生。翻译的对象,语言和文化是相辅相成的,语言反映文化,又受文化的制约[1]。因此,要想成为一个合格的翻译工作者,必须既掌握语言,还要掌握该语言反映的文化,因为"翻译是两种文化的交流。对于真正成功的翻译而言,熟悉两种文化甚至比掌握两种语言更重要,因为词语只有在其作用的文化背景下才有意义。"

以中英两种语言翻译为例。中国有五千年的文明,在历史的长河中,中华民族创造了灿烂的文明。因此反映中华文明历史的汉语的文化内涵和外延肯定不是只有几百年历史的西方国家所使用的英语相比拟的,以中国的成语为例。

"负荆请罪"在中国可以说是个家喻户晓的成语。这个成语出自《史记》,说的是中国战国时期,赵国的蔺相如因为立下大功,被拜为上卿,位在大将廉颇之上。廉颇不服,扬言要羞辱蔺相如。蔺相如得知后,为了顾全大局,尽量回避、容忍。后来廉颇知道后,"肉袒负荆,因宾客至蔺相如门谢罪,曰:'鄙贱之人,不知将军宽之至此也!'"由此有了这个成语,表示主动向别人认错、道歉,并请求责罚的意思。如果不了解这个

---

[1] 王秉钦. 文化翻译学——文化翻译理论与实践(第2版)[M]. 天津:南开大学出版社,2007:1.

典故，只是按照字面意思翻译成"abject apologies"，可能英美国家的读者会明白道歉的意思，但不会了解其本身所包含的文化内涵和典故，效果也就大相径庭了。

再比如中国对妻子父亲的尊称，不管是"泰山"还是"岳父"，可能会把不知道这个典故来历的外国人弄得云里雾里。妻子的父亲不是"father-in-law"？和"mountain Tai"有什么关系？和"yuefu 或father yue"又有什么关系？原来这个典故和一个久远的任人唯亲的故事有关：

在中国唐朝，唐玄宗封禅泰山时，丞相张说为封禅使。按照惯例，封禅之后，三公以下所有官员都要迁升一级。张说却利用职权，把本是九品小官的女婿郑镒提升至五品，并赐绯色朝服。玄宗大宴群臣，看到郑镒，问他为什么升的这么快。郑镒无言以对，戏子黄幡绰道："此泰山之力也！"后来，人们就把妻子的父亲称为泰山。因为泰山是"五岳之长"，又转将妻父称作"岳父""岳翁""岳文"，连带著称妻母为"岳母"或"泰水"。

我们还可以拿死亡为例来说明文化对语言的影响。古今中外，死亡对每个人都是一个不愉快的话题，所以，人们都会尽量避开这个话题，如果不得不提，也要尽量用委婉语。英汉语中的描述"死"委婉语，很好地反映了各个国家民族的宗教信仰和文化。

道教和佛教对中国人的影响比较大，这也反映在对死的委婉语中。比如，在佛教中，圆寂不是死亡，"圆"是圆满诸德，"寂"是寂灭诸恶，也就是涅槃，指所幻想的超脱生死的境界。佛教称高僧大德往生为圆寂，是肯定和赞叹其一生的修行，堪称圆满，故示寂灭。因此，佛教里面把死亡称为"圆寂""入寂""涅槃""往生"；道家对死亡又是另一种态度。道教建立了一套长生不老的生死观，认为人只要内修外养，修道养生，就可以获得长生，所谓"我命在我不在天，还丹成金亿万年。"《抱朴子·内篇》、"我命在我，不属天地"《抱朴子·黄自篇》。因此，道家称呼死亡为"羽化""仙去""仙逝""升天"等。

对于没有宗教信仰的人的死亡，中国人也有一套系统的说法。众所周知，中国有着严格的等级制度，连死亡的叫法都有严格的规定，显示出高低贵贱、长幼尊卑的等级秩序，比如"天子死曰崩，诸侯曰薨，大夫曰卒，士曰不禄，庶人曰死。"（《礼记·曲礼》）就是一般人的死亡称呼也是不同，老者死亡为"寿终正（内）寝""谢世"；未成年为"夭折"，中年人则为"早逝"，这些称呼反映了死者的社会地位、年龄、性别；生者与死者的关系及生者对死者的态度等。

而在西方，由于受基督教影响，人们认为人在最后的时间都要接受上帝的审判，根据生前的所作所为，上帝判你下地狱还是上天堂，故而"死亡"就有了以下说法：To go west, to go to one's last home, to be taken to paradise, to be asleep in the arms of God等。

上述中西方对死亡的委婉说法，充分体现了中西之间的文化差异和宗教信仰的不同。在翻译的时候，应该给予足够的重视。

（三）不同的生活习惯

显而易见，生活在不同地区的人们的生活习惯是不同的，所谓"靠山吃山，靠水吃水"。中国有着悠久的农耕文明，人们的生活离不开土地，和土地有着天生的亲近感。甚至在神话传说里，人类本身也是由女娲用土捏造而成。因此，在我们的语言中，与土相关的成语更是屡见不鲜，如：土崩瓦解、堆积如山、挥金如土等。而英国是海洋型国家，航海业发达，大海和船与他们的生活息息相关。这种海洋文化决定了他们的语言和水、船有着千丝万缕的关系，比如all at sea（不知所措）、to rest on one's oars（休息一会）、to keep one's head above water（维持生存）。如果我们在翻译的时候，不了解中西文化的背景，而只是按照字面意思进行直译，就不能正确地翻译源语的本来意思，更不用说符合其本来的文化内涵。

比如，上面的中文成语"挥金如土"，说的是一个人不懂的节俭，花钱如流水，如果直译成英文"spend money like soil"，英国人可能大惑不解。在此处，应该要进行文化转换，翻译成"spend money like water"。

二、翻译中文化视角转换的意义

语言是一种社会现象，也是一种文化现象，语言反映文化，受文化制约。

在翻译的"文化转向"之前,翻译研究主要是基于语言研究和文学研究范式,译者更多地关注如何更好、更准确地将源语翻译成目的语,而没有或者很少关注翻译过程中的外部因素对翻译过程和翻译结果的影响。过去的研究以结构主义语言学和转换-生成语法为理论基础,关注语言的对等,重视翻译过程中如何进行语言转换和语言等值,还重视源语和目的语之间在语言形式上的各个层次的对应[①]。但这种翻译在实践中遇到了很多难以解决的问题和现象,就像前面举的例子那样,中文成语"挥金如土",为什么要翻译成"spend money like water"呢?

而翻译的文化转向则很好地解决了这个问题。正像巴斯奈特(Susan Bassnett)说的那样,文化好比人的身体,而语言仅是文化这个身体内的心脏,外科医生对心脏做手术,怎么能无视其周围的组织结构呢?同样地,译者也不能将文本孤立于文化之外,否则必有不测。因此,翻译必须重视文化对翻译的制约作用,重视目标语文化。

总之,重视外语翻译中的文化差异和原文与目标语言的转换被认为是合格译者最重要、也是最基本的素质之一。

第四节 从跨文化视角看翻译的类型和方法

一、翻译类型的跨文化透视

(一)词类转换

如前所述,具有不同文化、风俗、历史背景的各个国家和民族,必然具有不同的语言习惯,例如,英语常用词经常一词多类,而汉语词则大部分是一词一类。因此,在翻译实践中,我们必须考虑语言之间词性的差异

---

① 张坚. 翻译研究中的文化转向[J]. 山西师范大学报(社会科学版),2014(S4):117-119.

性，在忠实源语的前提下，适当改变源语的词性，使译文更加符合译文读者的语言习惯，也让译文更加流利通畅。常见的词性转换有将源语中的名词改为译文中的动词，或反过来，从动词改为名词。

1. 英语名词的转换

英语语法规定，一个句子中只能有一个谓语动词（包括并列谓语），为了照顾多个动作的情形，英语使用动名词和动词名词化来兼顾多个谓语动词的情形，而汉语中没有这个规定。因此，在汉语中，动词的使用率明显高于英语。这就决定了英语源语的很多名词都可以转化为动词。我们以以下几个英语习语为例：to have a rest，to make mention of，to pay attention。在这三个短语中，中心词rest，mention，attention都是名词，但这几个短语都表达的是一个动作，翻译成汉语时，分别是"休息""提到"和"注意"，这是把名词都转换成了动词，符合中文的习惯。如果直译成"有一个休息""做了个提及""给予注意"，意思可能没有大的变化，但不符合中文习惯，让人觉得莫名其妙。

下面来看看名词作为动词在句子中的用法。

The flowing of current first in one direction and then in another, makes an alternating current.

译文：电流先流向一个方向，然后又流向另一个方向，形成交流电。

英语中某些动词的意思有时不容易在中文中表达，或者中文动词的表达让读者读起来非常生硬，文字不流畅。此时，可将英语动词译成中文名词，如aim（目标）、affect（影响）、act（行为）、direct（指引方向）等具有目标意义特征的动词。

此外，由英语形容词派生的名词也可以翻译成形容词。

The air was fresh and fragrant, it made people a feeling of exceptional coolness and comfort.

译文：空气是这样的清香，使人感到格外的凉爽和舒适[①]。

英语名词转换为副词的情况：在抽象名词或名词短语和句子的其他

[①] 胡荣慧. 英语翻译中跨文化视角转换及翻译技巧［D］. 北京：中央民族大学，2012：22.

成分存在一定的逻辑关系时，可以翻译成副词或相应的状语成分。在这种情况下，名词在句子中的意思就发生了改变，例如：She tried to cover her embarrassment with the enthusiasm fo her hospitality. 译文：她以好客的热情掩盖了她的尴尬。

2. 英语动词的转换

在翻译实践中，英语句子中的动词可以在中文中转换成名词。这种情况一般在翻译一些名词派生的动词时候发生。在翻译过程中，由于很难找到确切的对应中文的动词来表达，那么我们不妨借用中文名词，把英文中的动词翻译成中文名词，例如：Lin zexu believed that to succeed in banning the sale of opium, the first step was to burn the opium. 译文：林则徐认为，要使鸦片贸易禁止成功，第一步就是销毁鸦片。

在这句话中，原文中的"ban"和"burn"都是动词，但在翻译成中文时却翻译成了"禁止"和"销毁"这样的名词形式。在这种情况下，转换词类是为了适应语法结构和词语的搭配。如果不考虑这些，而直译成动词，则会显得行文不通，语法错误就这样产生了。

3. 英语形容词或副词的转换

有时为了符合语法结构的表达规则，人们还习惯于将英语形容词翻译成汉语动词，例如：I'm worried about her health. 译文：我为她的健康担心。

在这个例子中我们可以看到，"worried"这个形容词，被翻译成动词"担心"，因为在英语中，表示"担忧"，我们经常用短语"be worried about"或"be anxious about"，不管是worried还是anxious都是形容词，翻译成中文都可以翻译成动词"担忧"。

类似的还有"They are doubtful whether he can afford it"，翻译成汉语时，直接翻译成"他们怀疑他是否负担得起"，英语中的形容词"doubtful"翻译成了中文动词"怀疑"。

4. 英语介词的转换

据估计，英语单词中大约有286个介词（包括介词短语）；而中文常用的介词不到30个，其中许多还是从动词中转借过来的。这样，英语中的介词不可能和中文里面的介词一一对应，这就要求我们在英汉互译时，要根据上下文和语境的需要，将英语中的介词翻译成汉语的动词。

许多含有动作意味的介词都可转译为动词，比如over，up，towads，into，past，through等。

把英语中的介词转译成动词，可以使译文更加紧凑，整个句子更加连贯，表达思想更加准确。

介词在句子结构中还可以有其他作用，如充当状语的介词短语里的目的和动作方式，介词短语中的介词也可以翻译成动词，例如：What are these people after? They are after fame and position and want to be in the limelight.

原文中"be after"意思是"追求、追寻名望和地位等"，我们把它翻译成中文的"闹、争"，整个句子就成了"这些人闹什么呢？争名誉，争地位，闹出头"。这样翻译更符合中文的习惯，也使行文显得更加流畅。如果直译成"这些人追求什么呢？追求名誉、追求地位，追寻注意力和出头"，就显得不伦不类，没有更好地表达原意，

英语中的介词短语也可以翻译成汉语动词，例如：They continued to fight in spite of all difficulties and setbacks. 译文：他们不顾一切困难和挫折继续战斗。

在这个例子中，原文中的介词短语"in spite of"在翻译成中文时变成了动词"不管顾"。

（二）"虚"与"实"之间的转换

由于思维习惯、思维方法的不同，英汉两种语言在表达上存在很大的差异，英美国家的人喜欢用具体的、形象的语言表达；而中国人则倾向于使用抽象的、概括的语言来表达思想。比如，西方人喜欢开门见山、直入主题；而中国人则喜欢先铺垫一下，再引出本来要表达的意思。因此，翻译过程中为了更好地传达原始信息，实现真实意义上的对等，就不能逐字逐句地进行"直译"，而必须根据原文所要表达的真实意思，进行虚实转化。根据具体情况而进行转换，变抽象为具体或变具体为抽象，使源语和译文达到真正的语义对等，使译文忠实于原文。

1. 译实为虚

在翻译实践中，为了实现源语和目的语之间语义上的对等，必须考虑源语和目的语在语言习惯和文化背景方面的差异。为了解决语言差异的客观存在，一些非常具体的英语词句在翻译成中文时需要进行模糊化处理，化实为虚。我们以英语委婉语的汉译为例说明这个问题。

由于中英文化背景的不同，英语中的一些委婉语如果直译可能引起读者的混淆或误解。这时，我们可以忽略委婉语的表面意义，而只翻译其隐含意义，例如：An old white pimp named Tony Rowland, who was known to handle the best working girls in New York. 译文：一个名叫托尼·罗兰的老白人皮条客，以能找到纽约最好的妓女而闻名。

在此句中，英语短语"working girls"本来的意思是"工作妇女或劳动妇女"。但我们看到前面的词"pimp"（皮条客；妓院老板），就知道此处的"working girls"绝对指的不是一般的劳动妇女。原来，那些靠皮肉为生的烟花女子也认为自己是靠劳动挣钱，将自己美称为"工作一族"。如果直译为"工作妇女或女工"，那将会误导别人。鉴于此，此处可以运用意译的翻译方法将其译成"窑姐""站街女"或"妓女"。这样，译文既忠实于原文，又一目了然。又如：

The matter was finally settled under the table.

译文：事情最终在私下解决了。

英语中"table"一词指的是具体的桌子，是具体的概念。如果直译为"事情最终在桌子下面解决了。"，可能会让人莫名其妙。联想上下文，就会知道，英语的本意是"私下"解决了。因此，我们可以把桌子虚化，翻译成"事情最终私下解决了"。再比如：

Don't lose your heart. After all, there are plenty of fish in the sea.

译文：不要灰心，机会多的是。

"there are plenty of fish in the sea."联系上下文，很容易就会明白，它指的是失去了某个机会，但还有很多其他机会。如果按照字面意思，翻译成"海里有很多鱼"，意思就和作者本意大相径庭了。

采用译实为虚的方法将源语译为中文，还有一个很好的例子。英国女王伊丽莎白一世有一句非常著名的讲话,"I know I have the body of a weak and feeble woman, but I have the heart and stomach of a king, and a king of England too."

此句中,"heart"和"stomach"都是身体的具体一部分,如果我们据实翻译,可能让人摸不着头脑。而采用译实为虚的方法,把上面两个词分别译为"心胸""胃口",整句译为:"我知道我长就了一副柔弱女子的身躯,可我有一个一国之君的心胸,而且还是英格兰的国王。"这样,不但忠实描述了女王的本意,也符合中文的语言习惯,达到了源语与译文的对等,实现了等值翻译。

2. 译虚为实

上面说的是译实为虚,实际上,语言是千差万别的,我们要根据具体情况有针对性地翻译。有的时候,需要把源语中抽象化的概念具体化,也就是把词义或词组义从抽象引向具体,从一般引向特殊,从概括引向局部,一句话,就是从"虚"引向"实"[1]。

在英汉语言的翻译过程中,语言的发展受历史、地理、风俗等诸多因素的影响,不同的语言具有不同的语言特征和使用词汇的习惯。汉语具有模糊性的特点,强调组合的意义;英语语言简单,强调形式。有的人易受原文、句子结构和语言表达的影响,在翻译中,不顾原文语言和翻译语言的差异,而一味按照原文的句式结构进行翻译,译文必然会出现偏差。因此,需要在原文中体现抽象的概念,特指将词或词组从抽象到具体,从一般到特殊,从泛化到局部,从"虚"到"实"的进行翻译,例如:Many are looking for a place of freedom, a last refuge where they can escape the invasions of modern technology.

下面两种翻译:

A:人类的很大一部分都想找一个自由的地方,作为他们躲避技术侵入的避难所。

B:许多人想找一个自由的地方,作为他们逃离现代技术入侵的世外桃

---

[1] 胡荣慧. 英语翻译中跨文化视角转换及翻译技巧[D]. 北京:中央民族大学,2012:22.

源。

在B句的翻译中，把A句中"避难所"转换成"世外桃源"词，而"世外桃源"这个词更符合中文习惯，也利于中国人更好的理解。

在某些情况下，为了语义平衡，使英语源语和中文译文达到相对对等，源语中出现的形容词也可以译虚为实，例如：

I don't want to be a person who is more nice than wise.

译文：我不想成为一个死要面子活受罪的人。

根据原文要传达的意思，在原句中出现的两个形容词"nice"和"wise"都不适合直译，而在中文里有一个和这两个词想要表达的意思差不多的表述"死要面子活受罪"，这就是译虚为实的翻译方法。再比如：

A：他会辞职吗？？

B：这是不可能的。

译文：Will he quit the job?

When pigs fly.

在这个例子中，抽象概念"不可能"的表达在译成英语时被翻译为"当猪飞的时候"，其中"猪"和"飞"这两个英语单词是具体的英语词汇概念。我们知道，猪不能飞，这个英语习语表达的就是"不可能"的意思。在这里，是把中文里"虚"的意思译成英文里"实"的概念。

总之，实译和虚译是翻译实践中非常重要的两种翻译方法。我们应该弄清楚源语的真实意思，结合目的语的文化背景，灵活使用各种方法，在动与静、虚与实之间，准确把握源语和目的语真实的语用功能，避免削足适履，将源语所蕴含的文化内涵忠实准确地转换成贴合目的语文化背景的译文，以使跨文化交际可以顺利地进行。

（三）形象转换

什么是形象？形象就是形象语言，也就是指令人充满联想的、富有感情色彩的文学语言[①]。形象转换是视角转换的一个重要组成部分，转换时所

---

① 胡荣慧. 英语翻译中跨文化视角转换及翻译技巧[D]. 北京：中央民族大学，2012：22.

选形象使用的正确与否直接影响到译文的质量高低[①]。

由于不同国家、民族在地理位置、风俗习惯、宗教信仰和价值观上各有差异，事物反映在语言中的形象也就各不相同。虽然译者可以适当保留自己的风格，但也应尽量缩小与原作风格的距离，追求与原作风格与译者风格的统一，特别避免与原作风格背道而驰。

翻译成功与否的关键是对源语和目的语之间形象的转换成功与否。那如何才能进行有效、成功的形象转换呢？以下四种方法可以达到这个效果。

1. 保留形象

分布在世界各地民族，虽然创造、发展了各自不同的文化，这些文化虽然具有不同的文化特质和模式，但在很多方面还是有相同之处的，并且还有可能"相似成分远多于相异成分"，这种不同文化所蕴含着的人类的共性，是这种文化能够为其他民族认同、接受，并成为人类共同财富的基本原因，"而这也是翻译之所以可能的基础和本原[②]。在翻译实践中，有时候目的语和源语中的某些形象相对应，语义上也对等，为了使译文的形象再现源语形象，使译文读者获得与原文读者相同的感受，可采用直译法将源语的形象移植到译文中去。

有一个非常著名的事例可以说明保留形象的效果，就是"miniskirt"这个英语单词的翻译。miniskirt在西方大行其道的时候，中国还是相当保守的，根本没有这个事物，无法在中文中找到相应的对应物。但译者非常聪明地采用了音译意译相结合的方法，将之译为"迷你裙"。此译一出，就大受欢迎，因为这个翻译将"mini"音译为"迷你"，作为后面"裙"的修饰语，即使没有听说、没有见到这种裙子，可能在脑海里也有"这种裙子肯定很漂亮，不然怎么会让人着迷呢？"

当然，并不是每一个在源语和目的语之间有对等词的都可以采用这种方法。有的带有特定民族色彩的习语，为了保持源语中习语的文化意象，

[①] 缪建英. 论翻译中汉英习语形象的灵活处理 [J]. 宜宾学院学报，2006（07）：105-108.
[②] 张柏然. 全球化语境下的翻译理论研究 [J]. 中国翻译，2002（01）：58-59.

翻译时应尽量保留原文形象直译，把原文效果再现出来。

例如：中文成语"打草惊蛇"，英语中有一个相对应的习语"to wake a sleeping dog（惊醒睡狗）"。但"蛇"在中国文化语境里，不是"a sleeping dog"可以代替的，它含有更强的贬义，更能体现坏人"狡猾""恶毒"的本性。为了保留中文里面的形象，将之翻译成"beat the grass and the snake will be startled"可能更符合中文的意境和形象。

上面的翻译法实际就是对源语的直译，这种翻译方法忠实了原文，译文的表达方式又容易被译文读者接受，不失为一种好的翻译方法。

2. 替换形象

但并不是每一个源语形象都可以用直译的方法既保留了形象，又被译文读者接纳，达到皆大欢喜的结果。有的时候，源语形象无论如何在目的语中都找不到现成的对应词。此时，可以根据上下文，根据语义采用归化的方法，用目的语读者所熟知的形象代替源语形象，借助目的语中相应的形象，使目的语读者与源语读者产生相同或相似的联想。例如：中文句子：你们现在已经到了山穷水尽的地步。

如果我们直译成：You are now at the end of hills and rivers. 会让英美国家的读者不知所云，到了山水的尽头又怎么样？

但是英语有一个和汉语山穷水尽意思差不多的表达"at the end of one's rope"。这样，上面句子可以这样翻译：You are now at the end of your rope. 虽然两者比喻形象不同，但含义却是大体相同，达到了奈达所谓翻译要以读者为中心的要求。

类似的例子还有很多，比如：中国俗语"土埋半截"，并不是说一个人真的被土掩埋了身体的一半，而是说岁数大了或身体不好等原因"离死不远"的意思。如果为了保留中文的形象，直译为"I'm already half buried in the earth"，英美国家的读者可能会如坠雾里，不知所云。但有一个英语习语"to have one foot in the grave"（一只脚在墓里），正好和这个汉语习语对应，这样，虽然中文的形象有所改变，但目的语英文的形象却是为读者所熟悉。

3. 增添形象

不管源语和目的语之间有没有相同或相近的习语形象，为了表达源语形象或者让目的语读者更好地理解和接受源语形象，让目的语读者和源语读者获得大致相同的感受，有的时候需要增添一些形象到目的语中。

中华文明源远流长，在中国的成语和习语中经常出现极富中国特色和文化的人物形象，比如"班门弄斧"中的鲁班，"事后诸葛亮"中的诸葛亮。虽然英语有和这两个对等的习语"Never to teach fish to swim"，"It is easy to be wise after the event"。这两个句子虽然能够把中国这两个习语的意思表达完整，却没有办法让英美国家的读者了解中国这两个家喻户晓的历史人物鲁班和诸葛亮，没有达到传播文化的目的，不是一个好的翻译。

但如果采用增添形象的方法翻译这两个成语，把词汇的"所指意义"和"修辞意义"都表达出来，就会达到事半功倍的效果。可以这样翻译："Never show off one's skill with axe before the master carpenter, Lu Ban."和"After event one becomes the master mind, Zhuge Liang"[①]。

4. 舍弃形象

有增添形象的时候肯定也就有舍弃形象的时候。这是因为，源语中的某些习语和成语在目的语中没有合适的对等语，也不能采用转换或移植的办法把源语中的形象转换到目的语中。这个时候，只能舍弃源语中的形象而翻译出语义了。当然，舍弃形象不意味着略过源语不译，无视它的文化意象。而是在吃透源语的基础上，尽可能地用目的语译出它的本来含义。

比如：Among so many well-dressed and cultured people, the country girl like a fish out of water. 在这个句子中，"like a fish out of water"意思是"感觉像鱼儿离开了水"，如果我们保留原形象，容易让人产生不好的联想："鱼儿离了水，还能活吗？"

其实这个句子的本意也不是说"the girl"要死或者想死的意思，只是说她在一群穿着体面又有教养的人面前感到窘迫、不好意思或者手足无措。因此我们可以舍弃形象，采取它的本意，译成"和这么多既穿着体面又有

---

① 胡荣慧. 英语翻译中跨文化视角转换及翻译技巧[D]. 北京：中央民族大学，2012：24.

教养的人在一起,这位乡下姑娘感到很不自在"①。

由于源语和目的语之间的表达形式和文化的差异,在翻译实践中,译者要实事求是地根据具体情况灵活多变地采取措施或保留源语形象或替换源语形象或增添形象或舍弃形象。总之,为了在忠实于源语的基础上传达原文的意思,并确保其文化内涵,译者就要权衡得失,在上述几种方法中做出选择。

二、跨文化视角下的翻译方法

(一)跨文化视角下的言语翻译方法

在翻译中,从跨文化的角度来看,在某些情况下,为了保留原文的优点、使译文容易被目的语读者接受,提高译文的可读性,一些表示否定意思的句子可以翻译成肯定的句子;而一些肯定的表达可以采取否定的句子表达。因为只有经过这种转换处理,译文才能更加符合中国人的表达习惯和阅读习惯。这种转换的视角,也被称为"回说法"的翻译。动词、副词、形容词、介词短语、连词、名词、某些固定词组或句子经常涉及这种翻译方法。但在一种语言中,单词之间的搭配相对稳定,两种语言之间的词语搭配就会非常不同,例如:英语句子"If Mary leaves him, he will be completely lost",如果我们直译成"如果玛丽离开他,他就完全迷路了"就会大错特错。

在这里,"completely lost"有"完全丢失"的意思,但并不指的是"迷路",而是指在"她"离他而去后,他的心不再有活力,"哀莫大于心死"。这句可以译为"如果玛丽离开他,他就完全失去了生活方向"可能更符合原文意思。

在英汉翻译中,词的搭配也有转换。汉语词汇丰富多样,有时我们发现同一个英语单词在汉语语境中可以用不同的汉语词语表达。这在翻译英语颜色词中经常被看见,例如:英语"green(绿色)"在不同语句中的

---

① 张培基,喻云根. 英汉翻译教程[M]. 上海:上海外语教育出版社,1983:162.

翻译。When it comes to love, I am always a green hand. 很明显，在这个句子中，"green hand"指的是经验不足，工作阅历尚浅，或没有工作经验的人，而不是"绿手"。此句可以翻译成：说到爱情，我简直就是一个小白。

类似的，还有"green eyes（绿眼）"，它的意思是"嫉妒的眼睛"，它源于古代希腊，古希腊人认为嫉妒是一种病，是体内的液体不平衡，从而导致类似"中毒"的感觉。因此，"green-eyed monster"不是"绿眼怪兽"，而是表示"嫉妒心"，例如：I got A in the exam, but the green-eyed monster made my best friend fight with me. 译文：我考试得了"A"，但是嫉妒心让我最好的朋友和我吵起来。

类似的，"black tea"不是"黑茶"而是"红茶"；"brown sugar"不是"褐糖"，而是"红糖"等。

所以，在具体的翻译实践中，应该根据英汉两种语言的不同风俗习惯和搭配习惯，从不同的角度进行翻译，这样才能在不失去原文意思的前提下，满足跨文化交际的需要。

（二）跨文化视角下句子翻译模式

在日常沟通和翻译时，我们通常做的是句子模式的翻译。然而，一些英语特殊句式受到语言习惯的影响，很难翻译成汉语，例如，在英语中经常遇到的倒装句、祈使句、省略句等。这些语言现象可以用不同角度的透视变换方法来表达与源语言相同的意义。

1. 透视转换的反转翻译

当我们使用中文时，倒装句不是很少见，但在英语中，这类句子更是被广泛使用。人们通常会调整句子的原始顺序，形成倒装句子结构，因为他们想强调或强调句子中的某一组成部分。在英语中，倒装句可以分为部分倒装和完全倒装。完全倒装意味着把所有谓词和动词放在主语前面。部分倒装指在主语之前放置谓语的一部分，如助动词或动词或情态动词。如果句子中的谓语没有辅助动词或情态动词，就添加辅助动词"do（做）"，并把它放在主语之前。在翻译汉语中的一些句子时，可以考虑采用英语句式中的倒置句，这样，既能保持句子的完整性，又能顺应英语的语言习惯，也能起到强调的作用，例如：作为城市的中心，曼哈顿有数以百计的摩天大楼，其建筑极为壮观。

译文：Splendid is the architecture of Manhattan, the heart of the city, with its hundred and more skyscrapers.

这个句子是一个完全倒装的句子，其正常的语序应该是："作为城市的中心""曼哈顿有数以百计的摩天大楼""其建筑极为壮观"。在译成英语时，把"极为壮观"提到了句首，起到了强调的作用。

2. 无主句"有"句式翻译

为了使翻译更符合目标语言的表达，读者更容易接受意译的译文。当无主句来表达某种存在时，可以考虑转换角度，例如：People's views on the various behaviors related to intelligence are more inconsistent than how to explain and classify them.

译文：人们对与智力相关的各种行为的看法比如何解释和分类它们更不一致。

这句话的关键是要找到"更多的"骨干结构以及"……的争论，……如何解释或分类"，并且理顺逻辑关系，然后用一种更符合中国习惯的语言翻译出来，"人们对与智力有关的各种行为的看法比如何解释和分类更不一致"。

3. 被动语态的翻译技巧

被动语态是英语中常见的句式，英语中的被动语态使用比汉语更广泛。在被动语态中，主体是承担行为的人或者行动不是由主体而是由另一种行为来完成的。我们可以用被动语态来翻译没有主句的汉语结构。使用被动语态不仅能更清晰地表达原文的含义，而且能使句子结构更符合目标语言的表达习惯，例如：在大多数人的支持下，政府几乎准备下台。

译文：With a majority, the government is almost ready to step down.

失去支持，它可能会在几乎任何时刻被断电。

译文：Without support, it could be cut off at almost any moment.

房间里不准吸烟。

译文：Smoking is not allowed in the room.

这个剧院不允许吸烟。

译文：Smoking is not allowed in this theater.

无主句是汉语的语言特征之一，以上例子中的汉语句子是无主句，翻译成英语时，使用了被动语态结构，做到了与英语表达习惯和思维方式的一致。

（三）翻译图像的方法

1. 保留图像

当原文中没有现成的成语意象，但为了保持作品中原有的风格和效果，让读者可以感受与原作者相同的情感体验，直译方法被用于传递原语言的习语图像，但要确保移植图像不会引起错误的联想，并且可以被目标语言的读者所理解和接受。

学术界比较认同的对"外来词"的定义是：外来词也叫作外来语，指从外语中借用的单词，也可以认为是一种语言从另一种语言中吸收进来的词语。外来词是在不同民族交际的过程中，相互间语言的词汇同化的结果。

例如"miniskirt（迷你裙）"译界就采用了音译加意译的方法进行翻译：将Mini用音译的发音直接与中文汉字结合译成"迷你"，而"skirt"用了本来的意思"裙子"，这样"迷你裙"这个词就横空出世，成为流行几十年的词汇。

这个翻译之所以成功，就在于"迷你"两个字虽然是音译，却反映了亚洲诸多民族都存有一种"小"文化，反映了一定的民族文化心理；然后"迷你"这个词的本意也容易引起联想："什么样的裙子会迷人呢？"可以说，"迷你裙"这个翻译可以和"奔驰""宝马"的翻译相提并论，是一个非常成功的翻译。因此，这种方式被广泛应用并流行起来。随着科技的进步，现在生产出越来越多的微型物品，如迷你卡带、迷你轿车、迷你电脑等。

另一种情况，当图像和语义的组合在原始语言和目标语言中是常见的或者原始语言图像的含义不难被读者理解，建议使用异化、直译、保留原有语言的意象。这样，既保留了引用的意义，又传达了原文的含义，例如：The son never thinks his mother is ugly, and the dog never hides from home, no matter how shabby it is.

译文：儿子从不认为他的母亲丑陋，狗从不逃离家园，无论它是如何破旧。（这句话在汉语的俗语中，又称为"子不嫌母丑，狗不嫌家贫。"）

我们发现，源语言中的图像在翻译中没有改变，使用直译法保存图像。这样就可以使翻译忠实于原文，而翻译表达的最终目的，就是被目标读者所接受。

2. 更换图像

在翻译实践中，如果原文语言图像的语义不能在目标语言中再现，则可以根据特定的语境使用归化的方法，反之，就可以进行适当更换，使译文的含义与译者的形象相通。此时，替换目标语言图像可以完全传达源语言的信息，使翻译达到与原文相同或相似的表达效果。但前提是目标语言中相应的表达方式是众所周知的，被目标受众所接受。习语意象的移植有利于不同文化的交流，它起着导入异国情调、丰富本土语言、增强语言融合的作用，从而使人们更和谐、更顺畅地交流。这样很大程度上增加翻译的灵活性，从而更好地接受汉语读者的原文成语。

3. 添加图像

为了保持原有语言的风格和效果，保证目标语言的读者可以在源语言中没有现成的成语图像时产生与源语言的读者同样的感觉。要根据表达的需要，使用直译将图像添加到目标语言中，但要确保移植图像不引起错误联想，并能被读者理解和接受。汉语习语在意象中经常显得十分丰富，例如"班门弄斧"和"事后诸葛亮"，要想在英语翻译中实现等效谚语，让外国读者知道完整的比喻意义，就应该让他们了解中国历史人物"鲁班"和"诸葛亮"的相关事迹和特征。但如果只音译为"鲁班"和"诸葛亮"，就会让外国读者阅读后感觉毫不相干甚至有些迷惑不解。如果把"意义"和"修辞意义"的翻译结合起来，就可以通过添加图像翻译来实现两个语言世界的最佳呈现效果。因此可以翻译为"Playing an axe in front of master Lu Ban, a carpenter, is like showing off in front of an expert. （在木匠大师鲁班面前舞弄斧子，就像在行家面前卖弄本领，不自量力）"，以及

"After the matter is over, everyone can say that the coping method is reasonable, just like Zhuge Liang has the master's mind. （事情过去了之后，大家都可以把应对方法说得头头是道，就像诸葛亮一样拥有智慧的大脑）"。

另一种情况是为了使目标语言更合适，便于读者接受。在这种情况下，虽然原文有意象，但其蕴涵的含义不明确或表达含义含糊，也可以添加图像。有时原文本有图像，这种情况下也可以添加图像使原文的含义更加清楚，便于理解，例如：The tide has a low tide and a drop, and a person has ups and downs.

译文：A：每一个潮汐都有它的涨落。

B：潮汐有一个低潮和高潮，一个人有起伏。

在B翻译中，"人有起伏"不是原文的字面意思，而是增加的意象。这个翻译看起来比翻译A更能传达原文的意思。习语意象的移植有利于不同文化的交流，发挥着导入异国情调的作用，丰富了本土语言，增强了不同语言的融合。

4. 放弃形象

有的时候，语言和宗教文化、饮食文化等内容相关的表达在目的语中可能找不到合适的对等习语，其原文意象就无法转化或移植到目的语言中，"翻译"就很难阐明它的真正含义，此时，如果直译原文，就会出现语义的空缺，唯一的翻译方法就是放弃原来成语的意象，而只翻译其语义，也就是"意译"，例如："white elephant"应该翻译成"累赘物，大而无用的东西"而不是"白色的大象"。此时，就是在翻译中放弃了原文的动物形象，又如：My old servant never left me; he is as faithful as a dog.

译文：A：我的老仆人从来没有离开过我，他像狗一样忠实。（隐喻）

B：我的老仆人从来没有离开过我，他对我很忠诚。

翻译B省略了隐喻，读者就无法理解老仆人到底有多忠诚。因此翻译B就没有翻译A传神。

又如：

The country girl felt uneasy at the sight of so many well-dressed, well-bred people.

译文：A：在这么多的精心打扮和有教养的人之中，那个乡下女孩觉得自己像一条刚从水里捞出来的鱼。

B：有这么多衣着考究、有教养的人，乡下女孩感到惴惴不安。

在翻译A中，"像一条刚从水里捞出来的鱼"，给人的形象是"鱼离开水"，很容易造成错误联想"鱼不能活"，如把意象翻译成"上层人和下层人"，也显得不那么忠实原创，翻译B就真正传达了原文的含义。所以我们可以放弃原来的形象，并采取它的确切意义。但是放弃图像并不意味着"跳过"源语，忽略了它的文化意象，而是试图在对原文成语的透彻理解基础上，以简洁生动的语言诠释其意义。尽量减少目标语读者与原文读者在语义联想和艺术感受之间的差距。因此，要了解原语和目标语言的背景和语言习惯，摒弃图像翻译，翻译就会显得简练。

第四章 跨文化视域下英语语言的翻译

第一节 英语词汇的翻译

一、英汉词汇比较

众所周知,由于地理位置、生存环境以及人文情况等的不同,使得英语和汉语成为两种完全不同的语言。两种语言在各个方面都存在较大的差异,其差异尤其体现在词汇方面,如英语和汉语两种不同的词汇构成方式、形态变化、词汇的词义等。我们通过研究英汉两种不同语言的词汇差异,能够更好地对两种语言进行转换。

(一)英汉文字的形成

如果对世界上存在的文字体系进行分类,大致可以分为如下两大类,即表音文字和表意文字。

通常情况下,表音文字都是采用数量有限的符号,即字母来构成语言中的音节等,从而组成单词,然后组成句子,构成语言表达。一般而言,在表音文字体系之中,人们通常采用相应的字母来表示相应的音,换句话说,在表音文字体系中,由特定字母构成的文字和它的发音之间是存在一定的对应关系的。

中国汉字属于表意文字。在汉字中,并不是采用字母来构成文字,它主要是由偏旁和笔画来构成汉字。汉字有很多不同的笔画和偏旁,其中,笔画是汉字中最小的构成单位,如汉字中最简单的横、竖、撇、捺等笔画。在汉字系统中,偏旁的主要作用就是为了构成合体字,偏旁有两种类型,即形旁和声旁,不同的类型在汉字的构成中具有不同的作用,形旁的作用为表意，声旁的作用为表声。

汉字是一种使用人数众多的表意文字。从字形层面进行分析，汉字的构成主要包括五种最基本的笔形，即点、横、竖、撇、捺。我们通过分析和总结文献资料发现，汉字主要有如下四种不同的造字方式，即"象形""指事""会意"和"形声"，接下来我们具体分析这四种造字方式的区别。

所谓"象形字"通常都是指那些比较原始的和自然现象等有关系的图形文字。其实，象形字就是一种比较形象的符号，代表一定的意思，如"火""田"等，本来就是描绘事物的形状。所谓"指事字"通常指代表某一种意思的、很抽象的符号或者是在比较形象的一些符号上面加入一个具有指示性的符号从而构成汉字，表达一定的意义，如人们用三根长短不同的横线来表示汉字"三"。所谓"会意字"主要是指由两个不同的指事符号所构成的汉字，这种构成方式在汉字中是比较常见的，如把"王"字和"白"字放在"石"字上面就构成了"碧"字，把"日"字放到"辰"字上面就构成了"晨"字等。在汉字中，人们有时候也会把几个简单的汉字组合成一个汉字，并赋予这个汉字新的意义，如"森""晶""品"等汉字。所谓"形声字"通常是指这个汉字由两个部分组成，其中一个部分是表意的偏旁，另一个部分是表音的偏旁，如"拧""眺"等。

综上所述，汉字的不同的造字方式紧密联系，四者并不是孤立的存在。在汉字中，无论这个汉字采用的是哪种造字方式，其表意的功能都是放在第一位的，其次才是这个汉字的表音功能。因此，对于汉语是母语的人来说，我们通常都能够从汉字直接推断出该字的意思。

从语法的角度进行分析，通常一个汉字就是一个语素。而在汉语中，有的是单语素词，有的则是复合词。现代汉语是在古代汉语的基础之上发展起来的，古代汉语单音节的词是非常多，并且占据支配的地位。然而在现代汉语中，虽然复合词越来越多，但是人们还是更加倾向于使用单音节词，如人们常常把"提醒"说成"提个醒"等。由此可见，在汉语的文化中，人们还是更加倾向于使用单音语素（单音节）词语。

众所周知，中华民族的文字历史非常悠久，距今至少已经有3 500年的历史,在这个发展过程中,文字逐渐形成了一个巨大的体系。

英语的形成则要比汉语来得复杂。历史上,英国土著居民说的是凯尔特语。大约从公元5世纪时,以盎格鲁人、撒克逊人和朱特人为主的日耳曼人入侵英伦三岛。盎格鲁人来自Englaland(盎格鲁人的土地),他们的语言称为Englisc(古英语)——这两个词就是现在England和English的前身。在漫长的历史发展进程中,古Englisc和当地凯尔特语结合,后来又吸收了古希腊语、拉丁语和法语,慢慢形成了现代英语。

(二)英汉词性的差异

人们通过词形的变化来判断英语句子中各个成分之间的关系,例如,英语句子"These students are working very hard in their English studies",把这句话翻译成汉语是:"这些学生在英语学习方面非常努力"。通过这个例句的翻译我们可以发现,在英语的表达中,"student"这个名词在运用上存在单数和复数的区别,这个单词的复数就是在单词的词尾加上字母"s"。而在汉语的表达中,名词"学生"是不存在单数和复数变化的,因而在汉语的翻译中,我们就通过把"students"翻译成"学生们"或者在"学生"的前面加上"这些"等来表达其复数的含义。

又例如,英语句子"She speaks English very well"翻译成汉语则为"她英语非常好",我们看到,这个英语句子中的"speak"是一个英语动词,它在运用时是有时态变化的,这里动词加了"s"说明这个句子使用的时态是一般现在时的第三人称单数。通常在英语的表达中,动词是有时态变化的,当英语的句子描述的是现在的动作,采用"一般现在时",当英语句子描述过去的事情,则动词一般使用"过去"时态;当英语的句子描述的是将来的事情,则动词一般使用"将来时"等。而在汉语的具体表达中,汉语动词没有这些变化。汉语通常是采用相应的时间副词来描述时间变化的。

在英语的表达中,英语的动词还有语态方面的变化,如在英语中,不仅有真实语气,还有虚拟语气。而在汉语中则不存在虚拟语气,译者在翻译时,要借助适当的词语来表达虚拟语气。

在英语的表达中,很多形容词和副词都存在比较级和最高级的词形变化,这种变化在汉语中是不存在的。在汉语中,我们在比较时往往会采用"比""最"等汉字,例如,人们会说"我长得比你高""我是这个团队中表现最优异的那个人"等句子来进行比较。

(三)英汉语序的差异

在研究英汉语序差异之前,我们首先要搞清楚何为语序。

语序,是语言研究的一个重要课题。语序有广义和狭义之分,狭义语序指的是语素及词的排列次序;广义语序则是指各个层面、各种长度的语言单位和成分的排列次序①。它反映一定的逻辑事理及语言使用者的语言习惯和思维模式②。英汉这两种不同的语言在表达同一客观事物时,由于思维习惯的不同,其语言表达顺序必然也存在较大差异,这主要是因为英语和汉语具有不同的叙事方式。

中国人重视"天人合一",强调人与自然的和谐统一,反映在语言上,就是中国人特别注重句法的意合,句子注重突出主题,强调语义结构,但主语却不显得突出,甚至主语还可以省略;常常从自我出发来描述客观事物,或描述人的行为或状态③。

而英语表达中,强调句法结构,主语突出,除了省略句外,每个句子都会有主语,句法重形合,主谓关系明确,其他句子各成分也显得特别清楚,以免结构混乱,影响句子的表达。

除了以上差异外,英汉语序还有以下区别。汉语特别注重动词的时间顺序(包括现实的时间顺序,抽象的时间顺序以及心理的时间顺序)

总之,要做到译文忠实于源语,在翻译实践中,必须注意英汉两种语言语序的差别,多分析原作者在原语序中的语义意图是什么,从而能够传达原文语序的原意,然后根据目的语的表达习惯确定译文读者习惯的、能够接受的语序。

(四)英汉词义的差异

在英语的表达中,词义可以有多种不同的变化,如词义的范围扩大、

---

① 吴为章. 语序重要 [J]. 中国语文, 1995(06): 429-436+36.
② 毛新耕. 论英汉翻译中的语序调整 [J]. 广西社会科学, 2004(04): 122-125.
③ 毛新耕. 论英汉翻译中的语序调整 [J]. 广西社会科学, 2004(04): 122-125.

词义的范围缩小、词义变为褒义词、词义变为贬义词等。

人类认识和探索宇宙的过程是由具体到抽象的过程，因而在人类的认知中都是先有具象的认知，而后才有抽象的认知。延伸到文字，也是先出现具体的名词，之后再产生这些具体名词的抽象含义。如"King"这个英语单词的具体语义为"国王"，人们慢慢地丰富了它的抽象语义，即"统治"等；又如英语单词"brain"，它在英语中的具体语义通常是指"大脑"，然而随着认识的加深，人们总结出其抽象语义，即"智力"或者"脑筋"等。

二、词汇的翻译技巧和方法

对于译者而言，在翻译的过程中掌握必要的翻译技巧是很有必要的，它不仅影响译者的翻译效率和水平，还会影响译文的质量。接下来我们将具体分析词汇的翻译技巧和方法。

（一）词义的选择、引申和褒贬义选择

1. 词义的选择

译者在翻译实践中，通常遇到的第一个问题就是词义的选择。无论是在英语中还是在汉语中，经常会碰到一词多义的情况，因此在翻译的过程中，我们首先需要解决的问题就是选择恰当的词义。

2. 词义的引申

通常词义的引申主要是指译者根据具体的语境在一个词语基本含义的基础上对其进行引申，从而更加准确地表达原文作者要传达的思想和内容。在具体的翻译实践中，人们实现词义的引申方式有：词义转译、词义抽象化等。

3. 词义的褒贬

在具体的翻译实践中，译者如果仅仅依靠查词典来实现翻译是很困难的。译者不仅要充分了解每一个单词的具体语义，还要充分了解原文的创作背景和作者的情况，了解作者是在什么样的背景或者什么样的思想影响下创作的作品，然后再进行恰当翻译。因为在原文的表达中，也许单独来看,这个词语是中性的,但是放在原文中,联系上下文我们就能知道这个词语表达的是褒义或者贬义,从而准确翻译。

在英语的表达中,有一些词语本身没有褒义或者贬义的含义,但是为了使译文能够更加忠实于原文,我们需要对一些词语做褒义或者贬义的翻译处理。

(二)词类的转换

在翻译实践中,为了更好地将原文翻译出来,很多时候都需要根据目的语的语言形式进行词类转换。由于一些词语并不能在目的语中找到相对应含义的词语,因此就会根据词语的含义进行词类转换,力求将原文中的意思表达出来。在翻译过程中,逐字逐句地翻译已经不再是最好的选择,将原文中的某些词进行转换可以更好地表达原文的意思,这是翻译经常使用的策略。

在汉译英或者英译汉时,常会用到词类转换的方法。如果对词类转换的使用较为恰当,那么就能够很快地将原文翻译出来,并且能将原文意思用地道的语言表达出来。在词类转换时,通常有以下几种情况:

1. 英语名词的转换

英语中的一些名词具有较高的使用频率,而汉语中名词的使用频率比英语稍低,并且在英语名词的使用中,其词语的意义比较灵活。在英译汉时需要将英语名词的含义与汉语的意思相对比,如果没有合适的汉语替代词语,就需要灵活处理,将英语名词翻译成另外的汉语词语。一般来说,对英语名词进行词类转换时,可以转换成汉语动词、形容词或副词。

2. 英语形容词的转换

一些英语形容词在汉语中找不到对应的词汇,可以将英语形容词进行词类转换,转换成汉语动词、副词或名词。

3. 英语副词的转换

英语的副词与汉语中的副词有时也会存在对应不起来的情况,这时也需要对英语副词进行词类转换,可将英语副词转换成汉语名词、形容词或动词。

4. 英语动词的转换

英语动词在很多情况下是可以在汉语中找到对应词语的,但是也有一些例外情况，这时可以将没有找到相对应意思的汉语词语进行词类转换，例如将英语动词词语转换成汉语名词或副词。

5. 英语介词的转换

在英语中，为了使句子连贯起来，或者变成复合句式，就需要用到一些介词。英语介词的搭配很多，也会存在一些找不到相对应汉语词语的情况，这时就需要对英语词语进行词类转换，例如将英语词语转换成汉语动词，就可以很好地解决这种问题，并且还可以增加译文的灵活性。

（三）增译法、减译法

在翻译过程中，翻译人员不能对原文进行随意的删减或增加。译者通常是在对比英汉文化的基础上，在不影响译文意思的情况下，将原文中的一些词语或句子进行删减，或对一些无法直接翻译的词汇进行扩充，将词语的背景文化之类的翻译出来，增加译文的可理解性。这就是减译和增译的翻译方法，这些方法在翻译过程中是必不可少的。

1. 增译法

增译法是在对原文的含义不做改动的情况下，补充一些有利于目的语读者理解的目的语形式和内容，目的是尽量减少在语言转换过程中造成的语义和文化等方面的损失，让译文更加顺畅或者使译文更加符合目的语的规范和习惯[1]。

在英译汉的过程中，如果将英语中的一些词语直接翻译过来，汉语读者可能无法理解，这时就需要在译文中增加一些对英语词汇的解释，从而更好地表达原文的意思。

例如英语句子："Action and reaction are always equal and opposite." 此时我们如果直接把equal和opposite.分别译成"相等"和"相反"，读者可能就会迷惑，到底是什么相等或相反？根据语义，我们知道应该是指作用力和反作用力的"大小"相等，而"方向"相反。这样，这个句子应该译成："作用力和反作用力总是大小相等，方向相反"[2]。

---

[1] 张浩然，张锡九. 论《三国演义》罗译本中关于文化内容的翻译手法[J]. 上海大学学报（社会科学版），2002（05）：55–59.

[2] 王中一，王涯. 对增译的几点意见[J]. 上海科技翻译，1992（04）：21–22.

增译适用于在原文中的文化负载词能够较好地表达意义，但是在目的语中却没有读者能够理解或知道的相对应的词汇的情况。英语表达中有些词汇会省略，在翻译的时候就需要将省略的内容补充进来，适应汉语的表达方式。

还有以下情况也需要采用增译的办法：第一，将英语中的连接词、量词或复数概念使用增译的方法翻译出来；第二，对英语中的时态以及表示先后顺序的词使用增译的方法翻译出来。第三，补足语义或背景。

2. 减译法

减译法又称省略法，是与增译法相对的一种翻译方法。它是指翻译过程中将原文中的一些不影响译文意思的词句省略掉。通常情况下，由于英汉两种文化的差异，一些文化负载词或者本地词汇很难在另外一种语言中找到合适的词语翻译，如果逐字逐句地翻译，不但会使译文中出现一些很累赘的语句，非常影响译文的通顺和简洁，而且还会增加翻译的难度。这时就可以将这些不必要的词汇和语句删掉，然后将主要的意思翻译过来。使用减译法可以将这些多余的词语删去，只翻译主要的词语，这样就会使译文符合目的语的表达方式，增加译文的可读性[①]。

在翻译过程中，可以删去的词语有这几种：实词中的代词、动词，虚词中的冠词、介词、连词。下面对一些使用减译法的情况进行分析。

（1）段落减译

删除的段落是原文的开头引言和古英语。在翻译过程中，对引自古籍的古英语进行删减。这些古英语基本上是神话传说或者是一些民族历史介绍，带有浓厚的民族色彩。因为这些引用的古英语对于中国人来说极难理解，在翻译时如果不影响或者基本不影响原文的语义，可以根据具体情况进行删减，这样并不会影响原文的整体感，还可以使译文阅读起来更加连贯。

---

① 王智杰. 文化全球化时代少数民族传统文化的英译[J]. 贵州民族研究，2018，39（12）：141-144.

（2）词句减译

在翻译实践中，为了使译文更加通畅，翻译人员可以对一些不影响原文含义的语句进行删减，例如在汉译英中，像苏武牧羊这个成语的出处，翻译人员就可以进行一些删减，使译文的表达更加简洁。另外，还有一些兵法中出现的词语，如"知己知彼，百战不殆"等，这样的词语虽然可以增加文章的文化性，但是如果使用英语将这些翻译过来的话，就需要非常多的词汇才能完整地将意思表达出来。因此，该类型的词语也可以做出选择性的删除，从而使译文表达更加通畅，减少冗长感。

第二节　英语句式的翻译

一、英汉句子比较

英语与汉语是两种不同的语系，因此，在句子结构方面具有很大的不同。比较英语句子与汉语句子的差异，可以从中找到英语句子与汉语句子的相同点和不同点，从而找出其中的规律，这对翻译来说具有十分重要的作用。

（一）英汉句子种类及类型

1. 英语句子种类及类型

在英语句子中，组成一句话是有一定的规则的，例如，在描述接收信件的情况时使用这样的句子："I was very happy to get your letter."但是在汉语中，就会直接说"接到你的信，非常高兴"，这是英语与汉语用不同的表达方式表示同一种意思。可以看出，在英语中，主语"I"是不能省略的，如果省略了，就不能表达出完整的意思，人们会不知道谁在开心收到信件；但是在汉语中就不同了，汉语经常省略主语，但照样能够完整地表达出意思。因此，在组成一个英语句子时，必须按照固定的结构和规则来进行，否则极易造成语义不明的情况，使人难以理解句子的意思。

分析英语句子的结构，大致可以分为六种类型。无论英语句子的形式怎么变化，都是能够找到规律的。六种基本句型如下：

①主语+谓语（S+V）；

例如：He went home yesterday.

②主语+谓语+宾语（S+V+O）；

例如：He bought a book yesterday.

③主语+谓语+双宾语（S+V+O+O）；

例如：He bought his son a book yesterday.

④主语+谓语+复合宾语（S+V+O+O）；

例如：The news made us sad.

⑤主语+系动词+表语（S+V+P）

例如：He is a student.

⑥There be+主语（V+S）

例如：There is a dog in the yard.

这些句型都有明确的构成句子的要素，这些要素是最基本的构成成分，不能减少任何一个。

2. 汉语句子种类及类型

汉语句子有单句子和复合句子的区别。在对单句进行分类时，角度不同，划分的类型也不同。

从内容和语气的角度，单句可以分成四种类型，分别是：陈述句、疑问句、祈使句和感叹句。从语法结构的角度，单句可以分为完全句、省略句、无主句和独语句。由于汉语单句比较简单，我们就不再赘述。

复句是相对复杂的句子，由两个或两个以上的单句组成，并且构成复句的单句之间存在一定的联系。复句中的单句被称为分句，各个分句之间是按照语言顺序或者具有逻辑关系的关联词联系起来的。

复句从名称上也可以看出是比较复杂的句子，其句子结构和形式都比较复杂。对复句进行分类时，按照分句之间的表达意义可以分成两类，分别是联合复句和偏正复句。在联合复句中，每个分句之间所表达的含义是平行的。句子关系有五种，分别是并列关系、递进关系、承接关系、选择关系和取舍关系。

在一些偏正复句中，每个从句的意义被分为主句和副句。表达主要意思的从句称为正句，表达次要意思的从句称为偏句。一般情况下，人们会将偏句放在整个句子的前面，将正句放在整个句子的后面。正句与偏句之间的关系是不平等的，有主有次，有正有偏。正句承担了复句的基本意思，是基本的、是主要的；偏句修饰或限制主句，是辅助的、次要的。在对偏正复句进行分类时，可以从偏句与正句在意义上存在的关系进行划分，一般可以分为五种类型，分别是转折复句、条件复句、假设复句、因果复句与目的复句。

（二）英汉句子结构

英语和汉语在句法结构上有许多差异，受篇幅所限，这里仅对其中的两对结构进行研究。

1. 形合与意合结构

英语与汉语是两种不同的句子结构。通常情况下，人们认为英语句子结构比较严谨，而汉语句子结构相对宽松、简洁。原因在于：英语句子是按照语言形式组合起来的，句子的成分相对严谨，属于形合结构；而汉语句子是按照语言的意思组合起来的，在组合时注重句子意思的表达，属于意合结构，这也是英汉两种语言在语言学上最重要的一个区别。甚至，汉语重意合，英语重形合，几乎已经成为英汉对比语言学家的共识。因此，在研究英语和汉语的句子结构时，需要从这两个方面入手。

（1）形合结构

形合指的是运用外在的语言手段来实现词与词、词与句、句与句之间的连接，即运用连接词或相关词之间的关系来构成一个句子。

在形合句中，使用的措辞比较严谨，表达的语义非常清晰。读者能够清楚地看到句子之间的逻辑关系，从而对句子的意思形成正确的理解。在英语句子中，形合句多是一些比较短小的分句，多个形合句组合在一起之后就会形成一个长句或者复句，在这种句子中，语句结构十分稳定，语素之间的关系十分清晰。但是这种情况与汉语句子正好相反，汉语中使用形合句的情况是：句式较长并且语言之间存在一个个片段，特别是在科技文献中，不使用相关的形合句会减少很多文章效果。

（2）意合结构

意合则是指在句子结构中不使用外在的语言形式——关联词语，而是依靠句子中所包含的词语本身的意义或逻辑关系来实现句子之间的连接，在划分句子成分时，通常根据句子的语序关系进行划分，以便更好地表达句子的内涵和意义。意合句是一个独立的内部语句，是意义和语法的一个完整单位，在句子中有一套属于自己的构成关系，可以根据下列几种关系进行句子的建构：语序、连接、平行结构、重叠形式、重复和推理等。

意合句的句式非常短小，但是仍然能表达完整的意思。因为它对完整意义的表达不是依靠句子成分完成的，而是根据意义的组成来表达的。汉语中的意合句比较多。汉语中的意合句对节奏和含义具有十分精准的把握，运用十分简短的语言就能将完整的意思表达出来，绝不使用一些累赘的语言。意合句的形式可以看成是将形合句浓缩之后形成的，总之，意合句可以减轻语言的累赘。英语中也会使用意合句，只不过用到的情况比较少，主要体现在一些非人称主句和介词短语代替从句的句子中。

2. 被动结构和主动结构

英语和汉语都有主动句和被动句。主动句和被动句的区别在于主语和谓语的先后顺序，主语在前则是主动句，主语在后则是被动句。然而，相同的语法术语在两种语言中是不同的。英语被动句是指具有被动语法意义的动词短语作为谓语的句子，谓语的形式是动词be+及物动词的过去分词，这是判断语句是否为被动语态的标志。汉语动词没有这样的动词形式的变化，因此，汉语动词中没有语态的区别。在判断汉语句子是否为主动句和被动句，通常看施动者是否是主语，如果是主语，那么这就是主动句；如果不是主语，则是被动句。

通常，英语和汉语中对主动句和被动句的判断都是看施动者的行为，施动者在语言的中心，一般就是主动句；反之，则是被动句，例如："他把我放了鸽子"，在这个句子中，施动者"他"是语言的中心，此句是主动句；而"我被他放了鸽子"这个句子中，"我"是语言的中心，但施动者是"他"，那此句是被动句。

英语中类似的句子也是屡见不鲜，例如："He cleared the room of

books",此句是主动句,因为施动者"He"是语言的中心,而"The room was cleared of books",是被动句,因为施动者不是语言的中心,并且被省略了。

3. 变异结构

(1)倒装结构。倒装可以考虑两种情况,一种是在句法结构中使用倒装,另外一种是在修辞中使用倒装。

(2)间隔结构。在英语句子和汉语句子中,我们发现一些句子之间本来应该紧密连接起来,但是中间却插入了其他的成分,这就使句子之间出现了突兀的结构,也就是间隔结构。

(3)省略结构。省略是指在句子中可以归纳出正确的信息时,将有些成分省掉。但是这种省略并不会对句子造成阻碍,它仍然能够清晰地表达句子的意思,还避免了句子的冗长感。

二、句式的翻译技巧和方法

英语句子中很多的句型都十分复杂,这使得翻译工作变得相对困难。但是无论什么样的句子结构和成分,只要按照构成句子的基本要素来划分,就可以将一个个长句、难句捋清楚,找到翻译它们的方式,从而用相应的语言将其翻译出来。

(一)长难句的翻译

一般来说,影响汉语语序的第一顺序是逻辑顺序,而英语语序是形式控制下的第二重要因素。所以,汉语的语序是相对固定的,逻辑语序有严格的规则,在汉语中使用的语序主要是顺序,一些逆序的运用比较随机。而英语语序主要通过形态控制,因而具有更大的灵活性。在英语语序中,顺序、逆序和混合词序都比较常见。

英语句子为了表达完整的意思,通常会使用很多句子成分将各个分句连接起来,由此构成了比较复杂的句子。在翻译这类句子时,也存在比较大的困难。通常翻译英语长难句时,会使用下列几种方法:

1. 顺译

英语长句在表达意思时，通常按照时间或者逻辑顺序来进行。因此，在翻译时就可以顺势而为，按照句子的顺序来翻译，这种翻译方法称为顺译法。但是，需要指出的是，在翻译英语长句时并不是每一个词都要按照顺序翻译出来，由于英语与汉语的句子结构不是完全平行的，翻译时需要根据具体情况灵活应对才行。

2. 逆译

在翻译时，如果顺译不能将原文的意思无误地表达出来，就需要考虑调整语句的顺序了，调整顺序甚至与原来的顺序完全相反之后，意思就可以完整地表达出来，这就是逆译，也是英语翻译中常用的一种方法。

3. 分译

分译又称"拆译"，这种翻译方法是根据句子成分，将一些成分单独拿出来翻译，可以使句子的排列变得更加清晰，突出重点。

（二）从句的翻译

从句（attributive clause）有三种，分别是：名词性从句、定语从句与状语从句。从句的变化有很多，每种变化都有相对应的翻译方法。下面对三种从句的翻译做一些具体分析。

1. 名词性从句的翻译

（1）主语从句的翻译

主语从句的翻译主要有以下两种。

第一，以wh-开头的代词引导的主语从句。在翻译时，可以根据原文的词语顺序进行翻译，例如：What she told me was half-true.

译：他告诉我的是半真半假的东西而已。

第二，在主语从句中，it作为形式主语。这种情况下就要具体情况具体分析了，即有时需要将主语从句提前，有时也可以不提前。

例如：It is strange that he did not see his own shortcomings.

译：真奇怪，他竟然没有看到自己的缺点。

这个例句在翻译时没有将主语从句提到前面，而是按照正常的语序进行翻译。

2. 定语从句的翻译

英语中的定语从句有两种，一种是常见的限制性从句，另一种是不常见的非限制性从句。一般定语从句在句子中的位置是先行词之后，用来修饰先行词。限制性定语从句与非限制性定语从句的区别主要在于限制性的大小。英语中的定语与汉语中的定语存在很大区别，英语中的定语放在先行词后面，而汉语中的定语一般放在先行词前面，并且没有限制意义的大小区分。因此，在翻译汉语定语从句时，其限制性的大小并没有那么重要。在英语句子习惯中，人们通常使用很多的定语从句增加句子的复杂性；但是，在汉语中就不一样，人们更强调修饰语的简单性，不会使用过多的修饰语，汉语修饰语不应过度延伸。因此，定语从句的翻译必须注意其修饰语的限制性大小。在翻译定语从句时必须考虑汉语的翻译习惯。当英语中定语从句的修饰语非常长时，就不适合将之翻译成汉语中的定语，而应当使用其他方法进行翻译。如果英语中的定语是单个单词，那么在翻译时直接将之放在汉语中心词前面，只有特殊情况下才会放在中心词后面。当英语的定语是较长的短语、从句时，通常将这些定语放在中心词之后。通过对比英汉语言的差异，我们对几种适合商务英语的翻译方法进行分析。

（1）前置法

在英译汉中，前置法是将定语从句置于汉语的中心词之前，并将其与介词"的"连接起来。由于定语从句的意义是作为定语修饰语使用的，所以较短的定语从句通常被转换成带介词"的"的形容词，被放在汉语中心词的前面。在商务英语翻译实践中发现，介词更适合意义简单、限制性定语从句的翻译结构，而一些较短的、描述性、非限制性定语从句也可以使用前置法，不过它们并没有限制性定语从句的使用范围广泛，例如：The old woman has a son who is a teacher.

译文：那老太太有一个当老师的儿子。

在这句子里，英文里的定语"who is a teacher"，被翻译成了带"的"的定语"当老师的"。这种翻译方法不但简洁，而且更符合中国语法习惯。

（2）后置法

后置法是在英译汉时将定语从句放在先行词后面的翻译方法，这种情况下定语从句就会被翻译成并列的分句结构。由于在英语定语从句中，有些句子十分复杂，在翻译时如果将修饰语放在先行词前面，就会使句子十分冗长、累赘，显得头重脚轻，并且不符合汉语表达习惯。因此，在翻译时，通常会将定语从句放在汉语句子的先行词后面，使句子不再那么臃肿。在翻译过程中，将定语从句放在先行词之后，翻译成并列从句，重复或省略关系代词所表达的意思，有时可以与主语从句完全分离，成为一个独立的句子，例如：The managers are having a hot debate whose purpose is to find ways to improve the quality of product.

译文：董事会正在激烈讨论，其目的是寻找改善产品质量的途径。①

此句中，由于英语定语从句较长，如果直译为汉语里的定语（从句），就会使整个句子臃肿不堪，并且也不符合中文行文习惯。而把定语从句翻译成和英语里主句并列的分句，句子就显得清晰明了，也符合中文的习惯。

（3）融合法

融合法是翻译时将英语中的主句及定语从句融合成简单句的翻译方法，该方法将定语从句译成简单句中的谓语。融合法大多用于限制性定语从句的翻译，因为限制性定语从句与主句的衔接比较紧密，并且在意义上突出了全句的重点，适合将定语从句翻译成谓语形式。这种翻译方法在"there be"句型的翻译中经常使用，例如：There is a girl in the yard who is Mr. Thoms' daughter.

译文：院子里的女孩是托马斯先生的女儿。

在这个句子中，英语主句"There is a girl in the yard"的意义在整个句子中并不是特别突出，这个句子的重点是说那个女孩是"who is Mr. Thoms' daughter"，所以，在此处使用融合法，突出了重点，更加符合中文习惯。

---

① 杨战礼. 英语中几种从句的汉译方法［J］. 教学与管理，2009（18）：102-103.

3. 状语从句的翻译

状语从句种类较多，翻译的方法也不尽相同，一般情况下，会将状语从句翻译成分句，在此我们仅对原因状语和时间状语从句进行分析。

（1）原因状语从句的翻译。

在翻译原因状语从句时可以进行相应的转变，把状语从句翻译成带有因果关系的句子。

I study English hard because I want to be an English teacher.

译：我努力学习英语，因为我想当一名英语教师。

该英语句子中的状语从句"because I want to be an English teacher"翻译成了表示原因的分句。这样一来，中国读者阅读时更加容易理解，也符合中文的习惯。

（2）时间状语从句的翻译。

时间状语从句的翻译是复杂的，不能仅限于翻译时间。我们必须了解不同翻译方法的基本含义和背景，不能坚持翻译时间的方法，必须根据实际情况采取不同的翻译方法。比如：He shouted when he ran.

译文：他一边跑，一边喊。

第三节 英语篇章的翻译

一、英汉篇章文化对比

（一）英汉衔接手段对比

一个个句子有逻辑地串联起来就组成了篇章。因此，篇章中的句子并不是没有联系的，如果只是由没有任何联系的句子组成的篇章就是一盘散沙，无法阅读。在这些句子的关系中，主要包括两种类型，即语法衔接和词汇衔接。在词汇衔接方面，英语与汉语都是基本相同的；但是在语法衔接方面，英语与汉语的衔接就有所不同了。下面就对语法衔接的主要手段进行具体分析。

1. 照应

照应是指使用代词对前文中提到的对象进行说明,两者构成相互理解的关系[1]。这样就可以将整篇文章有机地衔接起来,实现篇章的流畅性。根据照应的特点来看,照应属于语义关系。

英语中的照应如下例:

Parents should not only love their children but also help and educate them.

译文:父母不仅应当爱护自己的子女,还应当帮助自己的子女,教育自己的子女。

在这句话中,用英语人称代词"them"代替了"children"[2]。而在中文翻译里,我们不但没有使用代词,而且还再三强调"子女",加强了语气。

2. 替代

为了避免语言重复,人们有时会用一些意思相同或相近的词进行替换,这就叫替代。替代是一种常见的语言手段,其目的是避免重复,同时替代也是一种重要的衔接手段,常见于语篇中,例如:The Americans are reducing their defense expenditure this year. I wonder if the Russians will do too.

译文:美国人今年在削减国防开支,我怀疑俄国人也会这样做。

虽然英汉篇章中都会使用替代手段,但是英语篇章中使用的频率明显要高于汉语篇章,这是因为汉语更习惯借助原词复现的方式来达到篇章的衔接与连贯,例如:Efforts on the part of the developing nations is certainly required. So is a reordering of priorities to give agriculture the first call on national resources.

译文:发展中国家作出努力当然是必须的。调整重点,让国家的资源首先满足农业的需要,这当然也是必需的。

在英语用语替代的时候,英语与汉语的用法也是不一样的,一般而言,英语常用代词,但是中文则更加倾向于用一些重复名词来替代,例如:

---

[1] 魏在江. 英汉语篇连贯认知对比研究 [M]. 上海:复旦大学出版社,2007:18.

[2] 马亮. 象似性视角下的英汉语篇对比研究 [D]. 哈尔滨:黑龙江大学,2009:5.

Electrical charges of a similar kind repel each other and those that are dissimilar attract.

译文：同性电荷相斥，异性电荷相吸。

3. 省略

省略指的是把语篇中的某个成分省去不提。省略既可以具有语篇衔接的功能，又可以避免重复，突出新的语言信息，因此是一种重要的语法手段[①]，例如：My father planned and my brother built all these houses.

译文：我父亲规划，我哥哥建造了这些房子。

在此句中，不管是中文还是英文，都使用了省略的手段。英文"My father planned"后面省略了下文中的"all these houses"；而中文在"我父亲规划"后面也省略了"这些房子"。

4. 连接

连接指的是在语篇中使用连接词，通过这些连接性词语，使句子中的语义关系更容易被人们了解，甚至可以从逻辑上预测后续句子的语义[②]。所以，连接也有语篇衔接的功能。连接成分经常使用一些过渡性的（transitional）词语，表示时间、因果、条件等，例如：They'll be here in ten minutes. Meanwhile we'll have some coffee.

译文：他们十分钟之后才能来，我们趁此机会喝杯咖啡吧。

此处，Meanwhile就表示一种时间上的同步关系，使上下两个句子连接在了一起。

（二）英汉篇章模式对比

篇章模式是一种固定的模式与策略，是特定语言群体经过一段时间的发展之后而形成的一种固定的策略。一般而言，语言交际具有一定的规约性，这可以通过篇章模式看出端倪。

在英语和汉语中，篇章的模式也不相同，下面就以此为中心，探讨一下英汉篇章中存在的差异。

---

① 朱永生，郑立信，苗兴伟. 英汉语篇衔接手段对比研究［M］. 上海：上海外语教育出版社，2001：61.

② 胡壮麟. 语篇的衔接与连贯［M］. 上海：上海外语教育出版社，1994：92.

1. 英语篇章模式

（1）概括—具体模式

这种模式是英语中最普遍的一种模式，根据其模式特点，还可以称其为"一般—特殊模式""综合—例证模式"。

（2）问题—解决模式

这种模式的程序一般比较固定，大部分情况下不会改变。一般而言，都是先说明情况，然后根据具体的状况做出一定的反应，最后利用各种方式解决问题并做出最后的评价。

（3）主张—反主张模式

这种模式里面一般会涉及一些作者的观点，作者在论述时一般会提出某些大家都认可的观点，然后再附上自己的观点，当然，作者的观点既可以和大家的观点一致，也可以提出不同的观点。

主张部分的观点，可以是未经证实的假设，也可以是对真实情况的描述，对于这种情况，一般称其为"假设—真实模式"。

（4）叙述模式

叙述模式阐述了事件发生的过程，一般在描述各种事件的时候会将事件发生的时间、地点、人物以及原因等描述清楚。常用于人物传记或者是一些历史故事等的书写中。

2. 汉语篇章模式

汉语篇章和英语篇章相似的地方还比较多，比如英汉篇章中的主张—反主张模式就基本相同。

但是汉语篇章也有一些自己独有的特点，比如汉语篇章的重心和焦点都不是很固定，并且有时也有焦点不存在的情形。

二、英汉篇章文化翻译的方法

（一）篇章衔接

篇章的构成一般是词语和句子，那么在翻译篇章时显然应该重视单词以及句子的翻译，同时还应该注重语篇之间的衔接，只有这样才能使翻译的译文质量更高。

（二）篇章连贯

在对语篇进行翻译时，译者要明确原文的意思，应该通过运用多种手段将句子连接起来，同时也应该重视段落之间的衔接，只有这样才能构成一个完整的语义单位。

（三）篇章语域

篇章语域是针对篇章的使用场合而言的，对于不同类型的篇章而言，它们的功能也各不相同，比如对于一些文学作品而言，其语言应该优美，并具有一定的艺术性；对于广告而言，其语言应该更具有鼓动性与号召力；对于科技类的文章而言，篇章语言应彰显其专业性。

在进行翻译时，应该首先判断自己所翻译的是哪一种文体，然后才能进行有针对性的翻译。

第四节　英语修辞的翻译

一、英汉修辞文化对比

（一）英汉比喻对比

在描述事物时，我们一般不会将一些事物直白地阐述出来，而是使用一些与它相似或相同的事物来描述。比喻一般包括明喻（simile）、暗喻（metaphor，亦称隐喻）和借代（metonymy）三种。这里主要研究明喻和暗喻。

在汉语中，比喻手法的运用非常普遍，一般也称其为"打比方"，在英文中也有一些比喻的方式。英汉比喻的分类都大致相似，同时在修辞上，其功能也具有一定的相似性，比喻可以使语言更加生动。

但是，这并不是说英汉的比喻都是相同的，也存在一些差异，比如在英语中，暗喻的涵盖范围较大，比汉语暗喻的界定范围更大。但是汉语的比喻结构形式更复杂，划分得也更详细。

1. 英语明喻类似汉语明喻

从基本格式上看,英语的明喻和汉语的明喻具有一定的相似性,比喻的本体和喻体都是一同出现的,例如:Life is an isthmus between two eternities.

译文:生命是永恒的生死两端之间的峡道。

2. 英语借喻类似汉语借喻

在借喻方面,英汉两种语言非常类似,一般而言,它们的喻体都具有一定的象征性,例如:It seemed to be the entrance to a vast hive of six or seven floors.

译文:那似乎是一个六七层的大蜂箱的入口。

3. 英语暗喻类似汉语拟物

在汉语中,有拟物的方式,通过分析人的某些特点与物的一些特点之后,可以将人与物进行类比,英语的暗喻与拟物的方式较为相似,例如:His eyes were blazing with anger.

译文:他的两眼发出愤怒的火光。

(二)英汉排比对比

英语和汉语中都有排比(parallelism)的方式,并且英汉之间还有一定的相似性,当然,在具有共同特点的同时,二者之间也存在着不少差异。

英汉排比的分类方式都比较相同,这两种语言排比达到的效果也具有相似性,都能使语言更加流畅,增强文章的节奏感,突出作者的感情,说理更有说服力、发人深省等。

但是英汉排比在结构上有所不同。英语排比句子中很少有省略现象出现,即使有省略,也多是省略一些作为提示语的动词,当然,有时也会将一些名词作省略处理;而汉语排比在任何情况下都不能省略,例如:Reading makes a full man, conference a ready man and writing an exact man.

译文:读书使人充实,讨论使人机智,笔记使人准确[1]。

上面英语句子中,在"conference"和"writing"之后各省略了一个

---

[1] 节娟娟. 浅析英汉语言修辞对比[J]. 中国科教创新导刊,2014(10):91+93.

"makes"。在汉语排比中，就没有这些省略现象，而是不厌其烦地罗列出来，以加强语气，例如：我们搞具有中国特色的社会主义，没有远大理想，没有宽阔胸怀，没有自我牺牲精神，怎么行呢？

英汉排比的差异还体现在英语经常把后面的排比用人称代词来指代前面的名词；而汉语排比则经常重复前面的名词，以增强气势，例如：Crafty men contempt studies, simple men admire them, and wise men use them.

译：狡狯之徒鄙视读书，浅陋之人羡慕读书，唯明智之士活读活用[①]。

在这个句子的英文里，"them"代替了前面的"studies"；而在中文译文里，则尊重了中文的习惯，连续用了两个"读书"以及一个变体"活读活用"，强调了不同的人对读书的不同态度。

还有这个在中国家喻户晓的排比句："少年智则国智，少年富则国富；少年强则国强，少年独立则国独立；少年自由则国自由；少年进步则国进步；少年胜于欧洲，则国胜于欧洲；少年雄于地球，则国雄于地球。"在这个排比句中，梁启超连续用了八个"少年"，来表达对中国少年的期许。

（三）英汉夸张（exaggeration）对比

顾名思义，夸张就是以夸大的方式论述事物，从而加强表达效果。但是，夸张并不意味着欺骗读者，而是作者为了加强某种情感或者烘托某一事物的某种特性。

从修辞效果上看，英汉夸张具有相似性，二者都是为了夸大事物的本来面貌，从而达到烘托气氛的效果。但是，英汉夸张也有一定的差异性，下面对此进行分别论述。

1. 分类差异

（1）英语夸张分类

①从夸张的性质出发，可以对英语的夸张分为缩小夸张与扩大夸张两种类型。

缩小夸张：论述事物的小、低等方面。

---

① 节娟娟. 浅析英汉语言修辞对比[J]. 中国科教创新导刊，2014（10）：91+93.

扩大夸张：着重描摹事物的大、高等方面。

②从运用的手法进行考虑，可以将英语的夸张简单分为两种，一种是特殊夸张，一种是普通夸张。

特殊夸张：在应用时一般会与其他的修辞方式结合使用，从而增强语言的表现效果。

普通夸张：不借助其他手段的一种夸张方式。

（2）汉语夸张分类

①从意义的角度出发，可以将汉语夸张分成以下三类：

超前夸张：颠倒事件发生的顺序，让后出现的事情提前出现。

缩小夸张：将事物发生的数量或程度往小的方面描述。

扩大夸张：将事物发生的数量或程度往大的方面描述。

②从构成的角度出发，可以将夸张分为以下两类：

融合夸张：与其他的方式进行融合之后的夸张。

单纯夸张：不需要借助其他方式所进行的夸张。

2. 表现手法存在差异

英汉夸张除了有共性之外，还有一些差异，比如英语多通过一些词汇辅助夸张，但是汉语则多用各种修辞手段融合来表示夸张。

（四）英汉对偶（antithesis）对比

对偶这种方式在英汉两种语言中都存在，在两种语言中也都能够达到同样的修辞效果，但是二者之间也存在差异。

1. 句法层次存在差异

在英语中，对偶语言单位出现的范围比较广，可以出现在一个句子中，也可以出现在两个句子中。但是在汉语中，对偶一般出现在上下句中，并且关系都是并列的，例如：He that lives wickedly can hardly die honestly.

译文：活着不老实的人不可能坦然死去。

2. 语言单位项数存在差异

汉语中的对偶一般以双数的形式出现，但英语中的对偶却没有单双数之分，奇数形式的一些对偶句也很常见，例如：Some books are to be tasted;

others to be swallowed and some few to be chewed and digested. 译文：书有可浅尝者，有可吞食者，少数则须咀嚼消化。

3. 省略存在差异

在汉语中，对偶是没有省略现象的，英语中的对偶则可以省略词语，例如：The coward does it with a kiss the brave man with a sword.

译：懦夫借助亲吻，勇士凭借利剑。

二、英语修辞的翻译技巧和方法

（一）比喻的翻译

1. 直译

英语的明喻用词比较多，人们使用比较多的词有like，as，as...as，as if 等。虽然在英语的暗喻中不使用比喻词，但会出现一些具有指示性的标志词，如turn into等。而在汉语的表达中，无论是明喻还是暗喻，都会出现相应的标志词，如汉语的明喻中常用的标志词"好像""仿佛""似"等；暗喻的常用标志词为"变成""成了"等。因而译者在对英汉语言的比喻语句进行翻译时，可以采取直译的方法，通过这种方式再现原文的语言特征，例如：A man can no more fly than a bird can speak.

译文：人不能飞翔，就像鸟不会讲话一样。

2. 意译

在一些特殊的情况下，译者在翻译比喻时，为了使译文的表达方式更加符合汉语的表达方式及语言习惯，需要适当地采用意译的方式进行翻译，例如：He is a weather cock.

译文：他是个见风使舵的家伙。

在这个句子里，"weather cock"是"风向标"的意思，如果我们直译成"他是一个风向标"，肯定不是原文的意思。而根据上下文，就能知道，这个就是要表达他是一个灵活多变，能够根据情况改换看法和观点，就是一个"见风使舵"的人。

（二）排比的翻译

1. 直译

对于英语中出现的排比句，译者在进行翻译时，通常情况下都可以采用直译法进行翻译，采用这种翻译方法不仅能够完美地对照原文的表达形式，还能使译文表达出原文的强调效果，例如：Voltaire waged the splendid kind of warfare…. The war of thought against matter, the war of reason against prejudice, the war of the just against the unjust….

译：伏尔泰发动了一场辉煌的战争……这是思想对物质的战争，是理性对偏见的战争，是正义对不义的战争……。

2. 意译

并不是所有的排比句在翻译时都可以采用直译的方式，在一些特殊的、特定的情境下，译者在翻译排比句时可以对其顺序进行适当调整，使译文的翻译更加准确且富有文采，例如：They're rich; they're famous; they're surrounded by the world's most beautiful women. They are the world's top fashion designers and trend setters.

译文：他们名利兼收，身边簇拥着世界上最美丽的女人。他们是世界顶级时装设计师，时尚的定义者。

3. 增译

在英语的表达中，人们会在英语的排比句中适当省略一些词语，而在汉语的排比句中，人们习惯使用很多重复的词语。因此，为了使译文更加符合汉语的表达习惯，译者在翻译某些省略的英语排比句时，需要将英语中省略的词语在汉语中重新翻译出来，例如：Who can say of a particular sea that it is old? Distilled by the sun, kneaded by the moon, it is renewed in a year, in a day, or in an hour. The sea changed, the fields changed, the rivers, the villages, and the people changed, yet Eden Remained. (Hardy: The Return of the Native)

译文：谁能指出一片海泽来，说它古远长久？日光把它蒸腾，月华把它荡漾，它的情形一年一样，一天一样，一时一刻一样。沧海改易，桑田变迁，江河湖泽、村落人物，全有消长，但是爱敦荒原，却一直没有变化。

（张若谷译）

在这个翻译中，译者重复了三次"一样"，强调了"沧海桑田"的变化。①

（三）夸张的翻译

1. 直译

无论是汉语表达，还是英语表达，我们都能看到夸张这种修辞手法的使用，在英汉这两种不同的语言中，夸张修辞有一些相似的地方，因而译者在翻译时，为了更好地再现原文的艺术特点，可以采用直译的方式进行翻译，例如："All hands all hands!" he roared in a voice of thunder.

译：他用雷鸣般的声音吼道："抓住他们！给我上！都给我上！"

2. 意译

英汉这两种语言中夸张的修辞手法虽然存在一些相似的地方，但是由于中西方文化的差异，夸张的修辞运用还是有所不同。因而译者在翻译时，要适时地采用意译的方法翻译夸张的修辞，从而使译文更容易被人理解，例如：Seventy times has the lady been divorced.

译文：这位女士不知离了多少次婚了。

在这里，很明显，离婚"七十"次是夸张的用法，所以，在翻译成中文时采取了意译的方法。

（四）对偶的翻译

1. 直译

译者在翻译大多数英语对偶句子时可以采用直译的方式，这样可以最大限度地保留原文的形式美，例如：Speech is silver, silence is golden.

译文：雄辩是银，沉默是金②。

2. 增译

在一些英语对偶句子中，有时为了避免重复会省略一些特定的词语，因而译者在翻译这些英语对偶句子时，要把省略的内容增译出来，从而保证内容的完整性，在此就不再举例。

---

① 于艳华. 语篇类型与文学翻译策略[J]. 广东海洋大学学报，2007（02）：54-56.
② 李健林. Parallelism和排比的话语特征赏析[J]. 柳州师专学报，2010（06）：71-75+70.

3. 省略

众所周知，英语的表达比较重视形合，而汉语的表达则比较重视意合，因而译者在翻译英语对偶句子时，可以对一些不必要的连接词适当省略，不对其进行翻译，从而提高译文的质量，例如：Snares or shot may take off the old birds foraging without hawks may be abroad from which they escape or by whom they suffer.

译：老鸟儿在外面打食，也许会给人一枪打死，也许会自投罗网，况且外头又有老鹰，它们有时候侥幸躲过，有时候免不了遭殃。

4. 反译

在对偶的修辞中会经常遇到一些否定的表达形式，然而英语和汉语这两种语言在表达否定时是不同的。因而译者在翻译中遇到这种情况时，可以采用反译的方法对否定句进行恰当的转换，即将英语句子中的否定形式翻译为汉语中的肯定形式，而将肯定形式翻译成否定形式，例如：With malice toward none, with charity for all, with firmness in the right, as God gives to see the right.

译：我们对任何人不怀恶意，对所有人心存善念，对上帝赋予我们的正义使命坚信不疑。

第五章　跨文化视域下英汉文化的翻译

由于各个国家和民族都有着不同的文化背景、地理环境以及风俗习惯等，因而不同语言文化也具有较大的差异。本章主要从英汉饮食文化翻译、英汉服饰文化翻译、英汉习俗文化翻译、英汉习语、典故文化翻译几个方面分析和阐述跨文化视域下英汉文化的翻译。

第一节　英汉饮食文化翻译

一、英汉菜肴文化的对比与翻译

（一）英汉菜肴文化的对比

1. 英汉饮食对象的对比

通过分析西方国家的发展历史我们可以发现，很多西方国家都是以渔猎与养殖产业为基础产业，因此在西方的很多国家，人们的主要饮食为肉食。随着现代社会的快速发展，西方国家也开始大力发展食品加工业。总之，由于西方人的思想受到游牧以及航海的影响，西方人在饮食上以肉食为主，同时他们的食品相对比较简单，这些食品往往都制作快捷且营养均衡。

自古以来，中国就是一个农业大国，因此中国人的饮食大多来自农业生产，主要包括以下几大类。

第一，主食类。中国地域辽阔，地理环境、人文习俗差异较为明显，因此，关于主食也有着鲜明的地域特点。北方人大多把面条和馒头当作主食，南方人则主要以米饭为主食。除此之外，马铃薯、山药等淀粉含量较高的食材也会被当作主食。

第二，辅食类。除了主食之外，中国人还有许多辅食。由于受到佛教的影响，中国人认为各种植物都是有灵魂的，"万物有灵"的观念深入人心，认为食用植物类食材有许多好处，因此中国人比西方人更加喜欢吃蔬菜，统计显示，中国食材中的蔬菜种类多达600多种。

第三，肉食类。在中国古代，人们对于肉类食用较少，但是随着现代社会的进步，人们的生活水平逐渐提高，肉类成为中国人餐桌上常见的食材，而且肉食的种类也变得越来越多。

2. 英汉烹调方式的对比

西方的烹调方式相对比较简单，通常情况下，他们运用烤、炸、煎等方式就可以完成大部分食物的制作。而且西方人喜欢将各种食材进行混合，如蔬菜与水果进行混合制成沙拉等。由此可见，西方的烹饪方式更加注重对食物营养的保持，但是不具备较高的艺术性。值得注意的是，大部分西方国家都会为本国的中小学校配备营养师，保证国家的青少年可以茁壮成长，这一点非常值得中国借鉴和学习。

相比较而言，中国就是一个饮食大国。在中国，人们的烹调方式多种多样，中国的食材也很丰富。具体而言：第一，中国人会根据食材的产地、生熟程度等对食材进行详细的分类，不同的食材有不同的烹调方式；第二，中国人的菜品烹调方法也是多样化的，如我们常见的炒、烹、炸、煮、炖、焖、烤等方式；第三，中国人在制作食物时，其制作食材大多就地选用，因地制宜，并且会根据当地特产或时令食材进行选择，如人们根据地域的不同划分出的八大菜系，即浙菜、川菜、鲁菜、粤菜、湘菜、徽菜、苏菜、闽菜等。人们还会根据地区气候环境的特点制作食物，如中国的四川等地常年潮湿闷热，因此常常会吃火锅等麻辣的食物，用以祛除湿气，保证身体健康。

（二）英汉菜肴文化的翻译

在中国，人们用不同的方式来给美味佳肴命名，因而中国的菜肴名字各式各样，有一些菜肴名字取自我国的古诗词，因而听起来很浪漫；还有一些菜肴的名字比较写实，人们一听就能知道菜肴的主要食材等。因此，译者在对菜名进行翻译的时候，应该根据实际情况灵活采用翻译方法，具体的方法有以下几种。

1. 直译

当以写实方式命名的菜名时，由于译者可以直接从菜名中得知这道菜肴的主料信息、配料信息以及加工方式等信息，因此可以采用直译的方式翻译菜名。

（1）烹调法+主料名，例如：盐焗新丰鸡：salt baked Xinfeng chicken。

（2）烹调法+主料名+with/in+配料名，例如：糖醋松子桂鱼：fried mandarin fish with pinenuts with sweet and sour sauce。

（3）烹调法+加工法+主料名+with/in+调料名，例如：红烧狮子头：stewed minced pork balls with brown sauce。

2. 意译

在中国，人们经常会为了表达一些美好的寓意或者祈求健康幸福为一些菜肴以写意的方式来命名，这些菜肴的名字看起来有些抽象，人们很难通过菜肴的名字直接了解菜肴的食材、烹饪方式等信息。因而为了准确地说明菜肴的信息，译者在翻译这些菜名时应该采用意译的方法，例如：全家福：stewed assorted meats；龙凤会：stewed snake & Chicken。

3. 直译+意译

还有一些菜肴，在命名时结合使用了写实和写意的方法，因而这类菜肴名字既有一定的艺术性和美感，又能展示菜肴的一些信息，译者在翻译这类菜肴名称时，应该采用直译+意译的方法，例如：木须肉：fried pork with scrambled eggs and fungus。

4. 直译+解释

还有一些菜肴的名称蕴含丰富的历史文化内涵，有一些和历史上的某个人物有关，还有一些则与地名或者历史事件有关，译者在翻译这类菜肴名称时，应该在翻译的过程中把菜肴所传递的文化内涵也表达出来，因此译者在翻译时可以采用直译的方式，同时对菜名进行必要的补充和解释，例如：叫花鸡：beggar's chicken；东坡肉：Dongpo braised pork。

二、英汉酒文化的翻译

中西方的文化差异也体现在酒文化上面,译者在对酒文化进行翻译时,应该灵活使用各种翻译策略,下面具体介绍各种英汉酒文化的翻译策略。

(一)音译

我和平儿说了,已经抬了一坛好绍兴酒藏在那边了。我们八个人都替你过生日。

(曹雪芹《红楼梦》第六十三回)

I've also arranged with Pinger to have a vat of good Shaoxing wine smuggled in. The eight of us are going to throw a birthday party for you.

(杨宪益、戴乃迭译)

(二)直译

例如:

当下吃了早饭,韦四太爷就叫着这坛酒拿出来兑上十斤新酒,就叫烧许多红炭堆在桂花树边,把酒坛顿在炭上。过一顿饭时渐渐热了。张俊民领着小厮,自己动手把六扇窗格尽行下了,把桌子抬到檐内。大家坐下,又备的一席新鲜菜。杜少卿叫小厮拿出一个金杯子来,又是四个玉杯,坛子里舀出酒来吃。韦四太爷捧着金杯,吃一杯,赞一杯,说道:"好酒!"吃了半日。王胡子领着四个小厮抬到一个箱子来。

(吴敬梓《儒林外史》第三十一回)

When they had breakfast Mr. Wei brought out the wine and added ten catties of new wine to it, then ordered the servants to light plenty of charcoal and pile it when it was red by the cassia trees, setting the jar of wine on top. After the time it takes for a meal, the wine was hot. Chang Chun-min helped the servant take down the six window frames and move the table to under the eaves. They then took seats, and fresh dishes were served. Tu Shao-ching called for one gold and four jade cups, which filled by dipping them into the wine. Mr. Wei had the gold cup, and after each drink exclaimed:" Marvellous! "They had feasted for some time when Whiskers Wang led in four servants carrying a chest.

（杨宪益、戴乃迭译）

（三）解释性翻译

杜少卿走进去问娘子可晓得这坛酒，娘子说不知道。遍问这些家人和婆娘，他们都说不知道。后来问到邵老丫，邵老丫想起来道："是有的。是老爷上任那年做了一坛酒，埋在那边第七进房子后一间小屋里，说是留着韦四太爷同吃的。这酒是二斗糯米做出来的二十斤酿，又对了二十斤烧酒，一点水也不掺。而今埋在地下足足有九年零七月了。这酒醉得死人的，弄出来少爷不要吃！"

（吴敬梓《儒林外史》第三十一回）

Tu Shao-qing went to the inner chambers to ask his wife if she knew anything about this wine, but she did not. He asked all the servants and maids, but none of them knew. Last of all, he questioned his wet-nurse Shao. "There was such a jar," she recalled. "The year that our late master became prefect he brewed a jar of wine and buried it in a small room at the back of the seventh courtyard. He said it was to be kept for Mr. Wei. The wine was made of two pecks of glutinous rice and twenty catties of fermented rice. Twenty catties of alcohol went into it too, but not a drop of water. It was buried nine years and seven months ago, so it must be strong enough now to blow your heads off. When it's dug up, don't drink it, sir!"

（杨宪益、戴乃迭译）

第二节 英汉服饰文化翻译

一、英汉服饰文化对比

通常情况下，服饰文化主要由三大重要的元素构成：服饰的材料、服饰的款式和服饰的色彩。另外，在服饰文化中，服饰图案的选择以及不同的服饰观念也会对服饰文化产生较大影响。

（一）英汉服饰材料的对比

1. 西方的服饰材料

西方服饰多选用亚麻布，选用该材料的原因主要有以下几个方面：

（1）西方的地理环境导致了亚麻的盛产，因此亚麻成为最充足的服饰原材料。

（2）亚麻的提取过程较为简便，并且亚麻具有结实耐用的特点，很适合人们的劳动生活。此外，亚麻还具有一定的美观性，因此受到人们的喜爱。

（3）西方人崇尚奋斗精神，主张多劳多得，而亚麻布是这种实用价值观最直接鲜明的体现。

2. 中国的服饰材料

中国地大物博，服饰的制作材料也十分丰富，如棉、麻、丝等，其中丝可谓是中国服饰材料中最突出的代表材料。

早在五千多年前，中国就开始了丝织品制作，中国也有"丝绸之国"的美称。具体而言，丝是所有丝类品种的总称。实际上，依据丝的制作方法、图案纹理的不同，丝可以分为素、缟、纱、绸等。由此可见，中国的制丝工艺已经相当成熟了，当然，这都是中国人世世代代智慧的结晶。

丝绸与其他的服饰材料不同，它格外的柔软细腻，能够呈现出一种飘逸的美感，人们常常用丝绸制作各种衣服，还有头巾、披风等制品。穿上丝绸制作的衣服，能够让人的柔美得到最大程度的体现，表现出最动人的气质。

（二）英汉服饰款式的对比

1. 西方的服饰款式

一般情况下，西方人的身形都相对比较高大，面部轮廓也比较清晰，棱角分明。因而在西方的服饰款式中，他们喜欢追求服饰的横向感觉和外放感觉。在服饰的设计上，西方人喜欢采用重叠且复杂的花边以及非常大的裙撑等来实现上述效果。

相对而言，大多数的西方人追求个人独立，喜欢有个性和特色的服饰，来彰显自己与众不同的个性。所以西方人的服饰款式往往也会比较大胆和夸张，例如，牛仔裤这款服饰就体现了西方人的性格特点，同时牛仔裤的原料比较简单，还有很强的耐用性和适应性，因此非常适合大众穿着，这也从服饰上面体现了西方国家所提倡的"人人平等"的思想。

2. 中国的服饰款式

通过和西方人的体型进行比较可以发现，中国人的体型相对矮小，不是特别高大。因此，中国人在服饰的设计上更喜欢运用修长的设计来体现中国人的身材比例，营造良好的视觉效果，通常采用下垂的线条、流苏等体现柔美。在中国历史上，不同时期的服饰设计均能体现其特点，如清代服饰中善于设计宽大的袖口和下摆等。

另外，由于中国人的面部线条相对比较柔和，为了与中国人的面部特点相适应，中国人在设计服饰时常常以"顺""平"等特点为要求。

（三）英汉服饰图案的对比

1. 西方的服饰图案

西方服饰在其发展历史中经历着不断的变化，服饰的图案也发生了许多变化：

（1）在文艺复兴前，西方服饰的图案多采用花草等自然图案。

（2）在文艺复兴时期，西方服饰图案多采用花卉图案，充满艺术气息。

（3）在路易十五统治时期的法国，服饰图案深受洛可可（rococo）装饰风格的影响，因此那个时期的服饰图案多选用藤蔓图案与庭院花草图案。

（4）近代，服饰风格较为开放和多样化，服饰图案多采用野兽派的风格图案、几何图案、宇宙星系图案或者由电脑计算机设计的各式各样的电子图案等。

2. 中国的服饰图案

在中国，不管是民间制作的印花布上，还是贵族使用的绸缎上，人们都喜欢运用热闹且丰富的图案进行装饰，并且这些图案一定要具备相应的美好寓意，例如人们会运用喜鹊、牡丹、鹤等图案表达对美好生活的渴望；用龙、凤等图案表达对祖先的崇拜,这也是古老图腾崇拜的体现。

(四)英汉服饰观念的对比

英语和汉语这两种不同的语言在服饰观念上的表达也存在较大的差异,其中二者最根本的差异体现在:西方人非常注重人体美,而中国人则比较注重仪表美。

西方人追求人体美主要是由如下两个方面的原因引起的:第一,古希腊等地的雕塑与绘画等造型艺术对西方国家的文化产生了很大的影响;第二,西方国家以地中海气候为主,气候比较温暖,这使人们可以大胆地追求线条美、身材美。因此,在西方人的服饰观念中,服饰就应该充分展示人体的各种美。

中国是一个非常重视礼仪的大国,中国人的思想深受儒家思想的影响,因而在中国人的观点中,服饰的主要作用就是遮蔽身体和保暖以及利用服饰的特征来区分穿着者的身份和地位。虽然随着社会的进步和发展,中国人的服饰观念已经发生了较大改变,然而中国人的传统礼仪服饰观念对中国人的影响仍然深刻,很难完全改变。

二、英汉服饰文化的翻译

(一)直译

直译就是使译文在意义、结构两个方面都与原文保持一致。在进行服饰文化的翻译时,大多数情况下都可采取直译法,例如:随即一个戴纱帽红袍金带的人揭帘子进来,把俺拍了一下,说道:"王公请起!"

(吴敬梓《儒林外史》第二回)

译文:Then a man in a gauze cap, red robe and golden belt came in, who shook me and said, "Mr. Wang, please get up!"

(杨宪益、戴乃迭译)

在这里,译者就是把"纱帽、红袍、金带"直接翻译成了"gauze cap, red robe and golden belt"。

（二）意译

由于英汉语言结构方面的差异，有时很难保证意义与结构的同步统一，此时为保证意义的准确性，可以舍弃一部分结构，从而将原文的含义如实传达出来，即采取意译法，例如：刘姥姥见平儿遍身绫罗，披金戴银，花容月貌，便当是凤姐儿了。

（曹雪芹《红楼梦》第六回）

译文：Pinger's silk dress, her gold and silver trinkets, and her face which was pretty as a flower made Granny Liu mistake her for her mistress.①

（杨宪益、戴乃迭译）

在这个句子里，"遍身绫罗，披金戴银，花容月貌"不容易直接翻译成英语，译者巧妙地进行了意译，将原文的含义进行了准确传神地转换，不失为大家风范。

（三）改译

翻译过程中，在无法找到对等的表达方式时，译者可以采取改译法，采取灵活多样的处理方式，既将原文的意义有效地传递出来，又使译文符合译入语读者的语言习惯，例如：坐了一会儿，院中出来了个老者，蓝布小褂敞着怀，脸上很亮，一看便知道是乡下的财主。

（老舍《骆驼祥子》）

译文：Presently an old man came out of the yard. He was dressed in a blue cotton jacket open in front and his face shone. You could tell at a glance that he was a man of property.

（施晓菁译）

（四）解释性翻译

不同的民族都具有其独特的服饰特点，每个民族的服饰都渗透着这个民族的文化内涵。因而译者在翻译那些饱含文化底蕴的民族服饰时，可以在译文中适当地加入解释性的翻译，例如：那时天色已明，看那人时，

---

① 王晓燕．翻译适应选择论视角下的《红楼梦》英译本分析［D］．郑州：郑州大学，2010：6．

三十多岁光景，身穿短袄，脚下八搭麻鞋，面上微有髭须。

（吴敬梓《儒林外史》第三十九回）

It was light enough now for him to see this fellow: a man in his thirties with a stubbly growth on his chin, who was wearing a short jacket and hempen shoes.

（杨宪益、戴乃迭译）

"八搭麻鞋"是什么鞋？不要说是英美国家读者，就是中国读者可能大部分也不知道是什么样子。但顾名思义，肯定是用麻做的，所以作者把它翻译成了"hempen shoes"。

第三节 英汉习俗文化翻译

一、英汉习俗用语对比与翻译

习俗是习惯和风俗的总称。不同的民族在自身长期的人际交往以及日常生活中形成了不同的习俗文化。英汉习俗文化的差异体现在很多方面，比较直观的如感谢用语、道歉用语等习俗。

（一）英汉见面语对比及翻译

所谓见面语通常是指人们在不同场合遇见时用来打招呼的话语。由于中西方文化存在较大的差异，二者的习俗表达也有所不同，并且英汉两种语言中的见面语也大不相同。

在中国，当人们遇到熟悉的或者认识的人时，通常都会主动和对方打招呼，亲切地问对方"吃饭了吗？""干什么去？"然而这种见面语使很多外国人疑惑，他们很难理解这种打招呼的方式。

在英语中，熟人或者认识的人相遇通常都会问"What's the weather like?"或者"How do you do?"

在汉语的习惯中，人们见面打招呼聊天时都喜欢问对方一些比较具体的问题来表达自己的关心，如人们在见面时询问对方的家庭生活、孩子的情况、工作的情况等，在中国询问这些都很正常。然而在西方人看来，中国人聊的这些问题都非常隐私，不适合公开讨论。因此，我们要注意英汉语言表达这方面的差异，避免被人误解。

"吃饭了没有？""吃的什么饭？""你要去哪里？"等在汉语中，这几句见面语并没有什么特定的内涵，人们只是习惯于这样的打招呼方式，而不一定是要询问对方是否吃饭等。

但是在英语的表达中，"你要去哪里？"即"Where are you going?"这句话就已经有点窥探对方隐私的意味；而中国人见面常说的"你吃饭了没？"即"Have you eaten or not?"在西方国家就很容易被对方误解，对方可能会理解成你想要请他吃饭，因而才会询问是否已经吃饭。

总之，译者在对英汉两种不同语言的见面语进行翻译时，一定要采用不同的翻译方式灵活处理，不能一味地采用直译的方式。

（二）英汉礼貌用语对比及翻译

英汉两种语言之间的差异还体现在礼貌用语上面，译者在翻译时，一定要熟悉中西方文化中礼貌用语的差别，从而准确地翻译和传达原文的意思。

在英语的表达中，使用频率较高的礼貌用语是"Excuse me""Please"等，这些礼貌用语没有限制使用对象，可以用在任何人身上。但是在汉语的表达中，人们只有对领导、长辈以及不熟悉的人才会经常使用上述礼貌用语。在汉语的文化表达中，人们之间的关系越亲密，他们使用礼貌用语的频率就越低，因而译者在翻译时一定要考虑这种文化差异。

另外，中国文化提倡尊老爱幼、孝敬父母，因而在汉语表达中我们经常能够看到人们对长辈的尊重，话语中也会经常使用"您……"或者"您老……"等表达方式，以示尊敬。然而在西方文化中，人们都希望永葆青春，话语中不喜欢听到"老"等字眼，因此在英语的表达中忌讳"old"以及"aged"等英语单词的出现。

二、英汉称谓习俗对比与翻译

（一）英汉亲属称谓词对比及翻译

通常称谓用来表示和反映人与人之间的关系，无论是在英语的文化中，还是在汉语的文化中，称谓都是一个非常重要的部分。称谓一共有两种不同的类型，一种是亲属称谓，另一种是社会称谓。对于亲属称谓而言，在汉英两种不同的语言中，同一个亲属称谓概念有着不同的使用范围。在实际生活中，如果没有一定的语言环境，亲属称谓往往就比较难以理解和翻译。

在英语的表达中，亲属称谓往往比较简单和模糊，它属于分类式系统。也就是说，在西方文化中，亲属称谓一般都是按照家庭成员中的辈分来进行划分的，一共存在五种最基本的血缘形式，分别为：（1）兄弟姐妹；（2）父母；（3）祖父母；（4）子女；（5）孙儿孙女。上述每一个等级中，除了包含各个等级中的亲属，还包含该等级亲属的各种从表兄弟姐妹之属。

而在汉语的表达中，亲属称谓都比较具体，每个亲属称谓都区分得特别清楚，它属于叙述式系统。

如哥哥和弟弟区分了年龄的差异，姐姐和妹妹也是如此。然而在英语的表达中，brother这个单词的含义很广泛，它不仅指哥哥，也指弟弟；同样地，sister这个单词的含义也是既可以指姐姐，也可以指妹妹，没有明显的区别。因而译者在翻译时，如果不结合特定的语境，会很难准确地翻译出这些亲属称谓。在例句"Tom's brother helped Joe's sister"中，译者就无法判断"brother"和"sister"的具体指代，是哥哥还是弟弟、是姐姐还是妹妹？只有在具体语境中，结合上下文才能给出适合的翻译。

同样地，英语单词"cousin"这个词的意思也非常丰富，把它翻译成汉语，可以译为"表哥、表弟、堂哥、堂弟、表姐、表妹"等诸多称谓，这就需要我们根据具体情况和语境有针对性地翻译。

由此可见，在英语的亲属称谓中，上述五个等级中的兄弟姐妹、父母、祖父母、子女、孙儿孙女等亲属名称具有具体的称谓，其他的各类亲属则没有明确的、具体的称谓，例如，在英语中，父母这个等级中，父亲和母亲是有专门对应的亲属称谓，即父亲为father，母亲为mother；而父母的兄弟以及表兄弟、堂兄弟等都没有具体的称谓，统一用单词"uncle"和"aunt"表示，因而在英语中，"uncle"的意思非常丰富，既可以指叔叔、伯伯等，也可以指舅舅、姑父、姨父等。

在汉文化中，常常采用叙述式亲属称谓制度。处于这一制度下的亲属称谓包括两个方面的内容：其一，血亲及其配偶系统；其二，姻亲及其配偶系统。血亲是以血缘为基础而产生的亲属关系；姻亲是以婚姻关系为中介发展起来的亲属关系。正因存在血亲和姻亲之分，我国汉族的亲属称谓非常多。这些不同的称谓不仅直接表现了尊卑、长幼关系，而且对直系和旁系的亲属关系、父系和母系的亲属关系也作出了区分。对于我国汉民族的亲属称谓，游汝杰先生在《社会语言学教程》中做出了具体的分析。

1. 辈分的区别

在汉语当中，亲属称谓能够表现出辈分的差异，称谓的不同显示出辈分的区别。总的来说，我国现代汉语的亲属称谓主要有23个，分别是祖、孙、父、母、子、女、兄、弟、姐、妹、伯、叔、舅、侄、甥、姨、姑、嫂、媳、岳、婿、夫、妻。从这些称谓中，我们可以很明显地发现辈分上的区别。

2. 同辈之间长幼的区别

在汉语中，亲属称谓还能够体现出同辈亲属之间的长幼顺序，称谓不同，长幼顺序也就不同，例如，在古代社会中，妻子称呼丈夫的哥哥时有"伯""兄伯""公"或"兄公"这些称谓，称呼丈夫的姐姐有"女公"的称谓，称呼丈夫的弟弟有"叔"的称谓，称呼丈夫的妹妹有"女叔"的称谓。

在现代社会中，亲属称谓中的哥哥、姐姐、弟弟、妹妹、嫂子、弟媳等也都有非常明确的区别。

3. 父系和母系的区别

汉语中同辈亲属之间的称谓能够非常明显地体现父系亲属和母系亲属的区别，例如，伯伯、舅舅、姑姑、姨妈、侄子、外甥、堂哥、表哥等。人们一看到这些称谓，就会很自然地知道这说的是父系的亲属还是母系的亲属。

但是，在英语中，亲属称谓则没有父系亲属和母系亲属的区分，例如，英语中的伯伯、叔叔、舅舅、姑父、姨夫等都是uncle；姑姑、姨妈、舅妈、伯母、婶婶等都是aunt；祖父、外祖父都是grandfather；祖母、外祖母都是grandmother；伯祖母、叔祖母、姑婆、舅婆、姨婆等都是grandaunt；伯祖父、叔祖父、姑公、舅公、姨公等都是granduncle。这与汉语中区分明确的亲属称谓有着非常明显的差异。

4. 血亲和姻亲的区别

血亲是以血缘关系为基础的，姻亲则是以婚姻关系为基础的。汉语中的亲属称谓有明显的血亲和姻亲的区分，例如，哥哥、弟弟是血亲，姐夫、妹夫则是姻亲；姐姐、妹妹是血亲，嫂子、弟媳则是姻亲。

但是在英语的亲属称谓中，血亲和姻亲是没有分别的，例如，英语中的婆婆和岳母都是mother-in-law，岳父和公公都是father-in-law。

5. 直系和旁系的区别

汉语称谓中对于直系亲属和旁系亲属的区别也非常明显，例如，父亲是直系亲属，伯伯、叔叔是旁系亲属；女儿是直系亲属，侄女、外甥女是旁系亲属。

但是，英语称谓中则没有直系亲属和旁系亲属的区分。

（二）英汉社会称谓词对比及翻译

语言中的社会称谓是对一个社会伦理制度的反映，它会受到社会制度和伦理规范的制约。中国素有"礼仪之邦"的美誉，自古就非常重视社会礼仪；而西方则追求独立、平等，是一个倡导自由和民主的社会。这种差异直接造成了中国与西方在社会称谓方面的差异。中国的社会称谓制度长期受封建宗法制度的影响，因此表现出非常明显的等级性，且称谓多种多样。而西方的社会称谓制度受基督教神学思想的影响，等级性并不明显，而且比汉语称谓要简单得多。

1. 拟亲属称谓词

在中国社会中，人们面对一些没有亲属关系的人也会常常使用表示亲属关系的称谓。这种称谓是对亲属称谓词的模拟，使原来称谓词的用法产生了变化，所以叫作拟亲属称谓词。

通常情况下，人们使用拟亲属称谓词可以缩小谈话双方之间的心理距离，使彼此的关系更加接近，也能够使对方产生被尊重的感觉，从而对自已形成良好的印象。

在所有的亲属关系中，父母是最亲近的。在汉语中，对于和自己父母年龄相近的同辈，人们通常会称为"大伯、大娘、大叔、大婶、阿姨"。这些称谓语在汉语中都非常常见。但是，在翻译成英语时，译者就会面临很大的困难，例如，如果将"张大娘"直接翻译为"Aunt Zhang"，西方人往往很难理解这个"Aunt Zhang"同讲话者的关系。这是因为，在西方社会文化中，人们对于没有亲属关系的人通常是称呼姓名或者先生、女士、夫人等。因此，对于汉语中的"Aunt Zhang"，应当翻译为"Mrs. Zhang"，这样一来，西方人就比较容易理解了。对于其他类似的称谓语，翻译时也应当采用这种方式。

除了最亲近的父母之外，比较亲密的亲属关系就是兄弟姐妹了。在中国文化中，一些不存在亲属关系的人通常也以兄弟姐妹的称谓来称呼彼此，目的在于拉近彼此的距离，增进彼此的感情，例如，人们常常将与自己年龄相仿的男性称为"大哥"或"兄弟"，将与自己年龄相仿的女性称为"大姐"或"妹子"。在一些城市青年群体中，也常常采用"哥们儿"或"姐们儿"的称呼。但是，在将汉语翻译成英语时，如果直接将"哥们儿"翻译为brother，则会使西方人很难理解其中的含义，因为在西方文化中，同辈人之间通常是用姓名来相互称呼的。

2. 汉语中敬称与谦称

中国深受儒家传统文化的影响，这导致中国人的观念中一直存在一种"卑己尊人"的礼仪思想，但是英美文化中却不存在这种思想。所以，中国的词汇中具备相当多的敬辞和谦辞，而英语中却没有，例如，中国人在询问对方姓名时所使用的"贵姓""尊姓"以及在回答时所使用的"敝姓"等，在英语中都只有一个词汇代指，即"name"，这就非常明显地体现了中国文化与英美文化之间的差异。汉语中常见的谦辞和敬辞主要有以下几种类型，例如：

（1）称对方的父母（敬称）：令尊、令翁、尊大人、尊侯、尊君、尊翁。

称自己的父亲（谦称）：家父。

翻译成英语为：your father，my father。

（2）称对方的母亲（敬称）：令堂、令慈、尊老夫人、尊上、尊堂、令母等。

称自己的母亲（谦称）：家母、家慈。

翻译成英语为：your mother，my mother。

（3）称对方的妻子（敬称）：太太、夫人、令妻、令正、贤内助等。

称自己的妻子（谦称）：妻子、爱人、内人、贱内等。

翻译成英语为：your wife，my wife。

（4）称对方的兄弟姐妹（敬称）：令兄、令弟、尊兄、尊姐、令妹等。

称自己的兄弟姐妹（谦称）：家兄、长姐、家姊、长姊等。

翻译成英语为：your brother，your sister，my elder brother，my elder sister等。

（5）称对方的儿子和女儿（敬称）：令嗣、令郎、贤郎、令子、令爱、令媛等。

称自己的儿子和女儿（谦称）：犬子、小女等

翻译成英语为：your son，your daughter，my son，my daughter等。

第四节　英汉习语、典故文化翻译

一、英汉习语文化对比与翻译

习语（idiom）是人们在长期的生产、生活实践中提炼出来的固定词组、短语或短句，它集中体现了语言的民族形式和文化特征，[①]是特定语言词汇的重要组成部分。汉语和英语两种语言都有大量的习语，它只能作为一个整体起作用，其含义不能通过单独的一部分来表达，是语言的重要组

---

①缪建英. 论翻译中汉英习语形象的灵活处理[J]. 宜宾学院学报，2006（07）：105-108.

成部分,具有浓厚的民族特色和鲜明的文化内涵,是特定语言的精华①。

(一)英汉习语分类对比

1. 按语法功能分

(1)英语习语的分类

从语法功能的角度来看,英语的习语可以划分为五种类型,即动词性习语、名词性习语、形容词性习语、副词性习语以及谚语等。

①名词性习语

cold shoulder 冷淡

white elephant 无用的东西,白痴

flesh and blood 亲骨肉,亲属

②动词性习语

blaze the trail 开辟道路

draw a blank 终于失败

miss the boat 坐失良机

③形容词性习语

on the go 忙个不停的

high and weight 趾高气昂的

free and easy 无拘束的

④副词性词组

bag and baggage 完全地

with a flying colors 出色地

heart and soul 全心全意地;完全地

⑤谚语

He laughs best who laughs last.

谁笑在最后,谁笑得最美。

Fish begins to stink at the head.

---

① 郑凤兰. 汉语习语的特征及其翻译方法研究[J]. 赤峰学院学报(汉文哲学社会科学版),2013,34(12):194–197.

上梁不正下梁歪。

The pot calls the kettle black.

责人严而律己宽。

The mills of God grind slowly.

天网恢恢，疏而不漏。

（2）汉语习语的分类

汉语习语又称为熟语，广义上来说，所有的成语（set phrases）、谚语（proverbs）、歇后语（allegorical sayings）、典故（allusions）和格言（maxims）都属于习语①。汉语习语可以按照不同的标准分类。

1）按结构可以分为AABB（如：磕磕碰碰、郁郁葱葱等）、ABAC（如：诚惶诚恐、偏听偏信等）、ABCC（如：文质彬彬、含情脉脉等）、AABC（比如：娓娓动听、孜孜不倦等）。

2）按照音节可以分成四音节习语和非四音节习语。

四音节习语：妙语连珠、龙腾虎跃、前车之鉴、未雨绸缪、一呼百应、不自量力等。

非四音节习语：汉语中的非四音节习语有三字习语、五字习语、六字习语、八字习语、十字习语等，例如：吃得开、碰钉子、无立锥之地、秋风扫落叶、先下手为强、一招鲜吃遍天、百闻不如一见、东一榔头西一棒子、两人合穿一条裤子、当一日和尚撞一天钟、冰冻三尺非一日之寒、铁打的营盘流水的兵、知其然而不知其所以然、若要人不知，除非己莫为等。

3）除此以外，汉语习语还可以按照结构关系划分类型，主要有修饰习语和平行习语两种类型。

① 修饰习语

修饰习语又有主谓习语、动宾习语、偏正习语、述补习语等。

主谓习语，例如：哀兵必胜、哀思如潮、螳螂捕蝉等。

动宾习语，例如：披肝沥胆、引经据典、见微知著等。

---

① 张培基. 习语汉译英研究 [M]. 北京：商务印书馆，2001：82.

偏正习语，例如：层出不穷、趁火抢劫、瞠目而视等。

述补习语，例如：应运而生、赞叹不已、稳如泰山等。

② 平行习语

平行习语又有并列习语、承接习语、目的习语、因果习语等。

并列习语，例如：相提并论、真知灼见、声东击西等。

承接习语，例如：瓜熟蒂落、通宵达旦、水落石出等。

目的习语，例如：声东击西、掩耳盗铃、杀鸡儆猴等。

因果习语，例如：水滴石穿、春华秋实、源清流清等。

2. 按定义范畴分

（1）成语

成语是语言在长期发展演变中固定下来的词组或短语。成语的内涵丰富，具有较强的稳定性和鲜明的民族特色。汉语中的成语非常丰富，多出自古代经典著作或神话传说等，语言简练，但意蕴非常深厚。汉语成语以四字为主，也有少量的非四字成语，例如：卧薪尝胆、雪中送炭、背水一战、草木皆兵、千里送鹅毛、杯酒释兵权、鲤鱼跳龙门、竹篮打水一场空、一寸光阴一寸金、一人做事一人当等。

（2）俗语

俗语是语言中具备口语性和通俗性的固定化的语句，语言简洁，表达意蕴形象而生动。汉语和英语都有着非常丰富的俗语，例如，汉语中的"到什么山上唱什么歌"；英语中的"fool's paradise"（黄粱美梦）等。

（3）谚语

谚语指的是在群众中广泛流传的固定的、言简意赅的短语，具有较强的哲理性，且通俗易懂。汉语和英语中都有大量的谚语，例如，汉语中的"路遥知马力，日久见人心"；英语中的"A merry heart goes all the way"（心情愉快，办事痛快）等。

（4）歇后语

歇后语是汉语所独有的一种习语文化，通常由前后两个部分构成，前面一部分就如同谜语的谜面，后面部分就如同谜语的谜底。通常，听到歇后语的前一部分，人们基本就能够明白后面所要说的含义，例如，八仙过海——各显神通、泥菩萨过江——自身难保等。

（5）粗俗语

粗俗语指的是人们在日常生活中所说的不文明的用语，通常带有鄙视、歧视的感情色彩。虽然粗俗语比较低俗、粗野，但不可否认的是，它是语言中切切实实存在的、不可或缺的一个组成部分。比如英语中的"Don't talk shit"（不要胡说八道！），汉语中的"吃屎赶不上热乎的"等。

（6）方言俚语

所谓方言俚语，指的是某一个区域的语言中所特有的话语。汉语和英语中都有非常多的方言俚语，例如：汉语中的"半熟脸儿"（有些面熟）、"不老少"（表示多）、"打这儿"（从此之后）等。英语中的俚语并不显得非常粗俗，因此在语言中的运用较为流行，既有一些带有调侃性质的，也有一些粗俗语的委婉说法，例如："an apple-polisher"（马屁精）、"fuck"（差劲、糟糕透了）等。

（二）英汉习语特征

1. 固定性

习语在语言中是比较独立、不规则而相对固定的结构。无论是在形式上，还是意义上，习语的固定性特点都非常明显，不能随意做出改动，否则会出现意义表达失败的问题，例如，汉语中的"七上八下"，不能改为"八下七上"，英语中的"as timid as a rabbit"（胆小如鼠）也同样不能改为"as timid as a rat"。这说明了习语的固定性特点。

2. 民族性

中国是一个历史悠久的国家，具有非常深厚的历史文化底蕴。汉语中的习语来源非常丰富，有些来自神话传说、经典文献，也有一些来自历史事件和历史人物，例如，成语"围魏救赵""一诺千金""前倨后恭""不学无术"等，都有真实的历史事件作为背景。。

西方文化发源于古希腊、古罗马，因此古希腊、古罗马文化对英语的影响颇为深刻。英语习语很多来自古希腊神话、古罗马神话，如出自希腊神话的"Pandora's box"（潘多拉的盒子）和"an apple of discord"（争斗之源）等。此外，英语中的很多习语还来源于经典的文学作品，如出自莎士比亚作品《威尼斯商人》的"Murder will out"（纸包不住火）和"hit the mark"（一语中的）等。

3. 修辞性

英汉习语还有一个非常明显的特点，就是修辞性。这种修辞性表现在两个方面。

其一，习语本身就运用了一定的修辞手段，表现语言简洁、生动形象的特点，英语和汉语中有很多此类的例子，例如，英语中的"as timid as rabbit"（胆小如鼠）运用了比喻的修辞手法，"step by step"（循序渐进）运用了反复的修辞手法；汉语中的"如狼似虎"运用了比喻的修辞手法，"一夫当关，万夫莫敌"运用了对偶的修辞手法。

其二，由于习语是经过长时间的积淀而形成的精练的语言形式，本身就具有非常丰富的语言表现力，因此常常被作为修辞手法来使用。习语的运用可以使文章更加形象生动、富于表现力和感染力。

4. 形象性

习语大多是通过生活中常见的、生动形象的比喻来比拟事物、说明事理，例如，英语习语"spring up like mushrooms"，对应汉语"雨后春笋"，不管是英语习语还是汉语的习语，都是形容"某种事物大量地、迅速地出现"，给人以非常形象的感觉；又如，形容过"苦日子"，英语是"lead a dog's life"，汉语则是过着"牛马般的日子"，不管是"dog"，还是"牛、马"的生活，都是人类不能忍受的生活。

我们可以看到，不管是英语习语还是汉语习语，它们都有一个共同特征，即都具有鲜明的民族特色，反映各民族各自的地理环境、历史背景、宗教信仰、生活习俗和传统文化。我们以"spring up like mushrooms"和"雨后春笋"为例说明，竹子在中国分布广泛，并且用途较多。最晚在商代开始就被人们用来作书写材料，制作成为世界独一无二的"竹简"。自中国明代开始，"梅花、兰花、翠竹、菊花"就被称为"四君子"。竹之所以被称为"君子"者，因其具有崇高坚劲之"节"；有虚怀若谷之"心"，因此成为世人喜爱的植物。中国文人喜欢以竹子的"气节"来自喻，以竹子为喻体的成语、习语比比皆是。而英国没有竹子，英语自然也就没有竹子这个词了，英语单词竹子"bambo"还是来自马来语。自然，英国人也就不可能用竹子作习语的比喻了。

（二）英汉习语翻译

习语在语言词汇中的占比如此之大，和其所处的文化背景联系非常紧密。离开文化背景，习语也就不复存在或者即使存在，也会失去了原来的意义。因此，习语翻译的好坏直接影响翻译的质量和文化交流的顺利进行，保证源语习语文化信息的"信度"和"有效度"是翻译成功与否的关键。① 以下是几种常用的翻译法。

1. 直译法

直译法就是按字面意思翻译。这是一种不但可以保持原文内容，还能保持原文形式的翻译方法，是英汉互译中最常用的方法之一。在以下两种情况下，我们一般采用直译法：源语和目的语词义对等；两种语言文化中的比喻（明喻或暗喻）相同或相似②。直译法的优势在于能够较好地保留原语言的民族特点、地域特点和修辞特征等，有助于译入语词汇的多元化发展，也能够为译入语读者提供更多的了解异域文化的视角。

在英汉习语中，有很多在字面意思和形象意义方面比较类似，对于这类习语，在翻译时，可以采用直译法，例如：Distance water cannot put out a near fire.

译文：远水救不了近火。

译：All roads lead to Rome.

译文：条条大路通罗马。

Misfortunes never come singly.

译文：祸不单行。

2. 意译法

所谓意译法，又称自由翻译，就是翻译时忽略原文的形式而使译文内容与原文保持一致的翻译方法。在一些情况下，源语与译入语的表达形式

---

① 包惠南. 文化语境与翻译［M］. 北京：中国对外翻译出版公司，2001：148.

② 王东风. 归化与异化：矛与盾的交锋？［J］. 中国翻译，2002（05）：24-26.

存在差异，但是意义却是相同的。针对这种情况，不应当过于强求译文与原文形式的完全一致，而应当关注译文的通顺性。很多英汉习语受文化背景因素的影响非常深刻，如果为了保留原来的字面意义和形象意义而采用直译的方法，会导致读者难以理解。在此情况下，应当采用意译法，将原文中的形象转换为译语读者熟悉的形象，从而达到传达原文深刻意蕴的目的，但意译的不足之处是无法延续原文的形象性[1]，例如：塞翁失马，焉知非福。

译文：Misfortune might be a blessing in disguise.

"塞翁失马，焉知非福"是一个在中国家喻户晓的故事，说的是"福"与"祸"对立统一的关系，在一定的条件下会相互转化的关系。而意译成英语后，英美国家的读者可能很难了解这个成语的典故，更不能了解故事背后所蕴藏的哲理和文化了。类似的还有：When the going gets tough, the tough gets going.

译文：沧海横流，方显英雄本色。

When in Rome, do as the Romans do.

译文：入乡随俗。

3. 直译+意译

一些习语不适合直接采用直译法或意译法，在这种情况下，可以运用直译和意译相结合的方法对其进行翻译，对于原文中可以直接传达出意义的部分采用直译法，对于其中不适合直译的部分则采用意译法。直译加意译的翻译法不仅能够有效地传达出原文的意义，而且不会损失原文的生动性和形象性，有助于译语读者更好理解[2]，例如：to be caught red-handed.

译文：当场被抓。

Let George do it.

译文：让别人去干吧。

Caution is the parent of safety.

译文：谨慎为安全之本。

---

[1] 张美芳. 翻译策略二分法透视 [J]. 天津外国语学院学报，2004（03）：1-6.
[2] 张若兰. 英汉习语的特点及其文化差异 [J]. 西安外国语学院学报，2003（02）90-92.

4. 直译+注释

有一些英汉习语带有比较浓厚的民族色彩，还有一些运用了典故，具有特定的历史背景和深刻的寓意以及深厚的文化内涵①。对于这些习语，若只采用直译，会给不了解源语文化的读者造成一定的困难。因此，在翻译时，应当在直译的基础上添加注释，这样能够使原文的意义更加清晰，更容易被译语读者理解和接受，例如：上面提到的"an apple of discord"，如果我们只是简单地译为"争端，祸根"之源，可能会让不了解西方文化的读者如坠云雾之中，但如果我们加上注解，表明其原意为希腊神话中三个最漂亮的女神争夺的"金苹果"，最后引发了"特洛伊之战"，读者可能就会恍然大悟，都引起战争了，那肯定是一个引起祸乱的"毒苹果"啊！类似的还有：Carry coals to Newcastle.

译文：多此一举（注：Newcastle是英国的一个产煤中心）。

Newcastle是英国一个著名的产煤中心，那里不缺煤，运煤去那里不是"多此一举"又是什么？这就好像在中国贩运醋去山西一样，山西缺醋？

但是，需要注意的是，注释的运用会对译语读者的阅读流畅性产生影响，因此，在运用的时候，应当持谨慎态度。

二、英汉典故文化翻译

（一）英语典故的翻译

英语典故不但数量庞大，而且源头众多。它们有的来自历史事件、历史故事和神话传说；有的源自宗教信仰和风俗习惯；有的源于文学作品的某个艺术形象和故事情节，并且反映和承载着西方的文化观念、思想观念、民族习惯和宗教信仰等。因此，在翻译这些典故的时候，必须了解其文化背景和内涵，并使用适当的方法尽量还原其本来的文化内涵②。

---

① 郑凤兰. 汉语习语的特征及其翻译方法研究[J]. 赤峰学院学报（汉文哲学社会科学版），2013，34（12）：194-197.

② 张晓玲. 英语典故的文化内涵及汉译方法[J]. 黄河科技大学学报，2005（04）：112-115.

1. 直译法

有的英语典故已经家喻户晓，甚至已经渗透、融合到中国文化之中。在这种情况下，采用直译法翻译，可以有效地传达出原文的形象特点，体现典故独特的民族风格，还可以使译文读起来更加地道、生动，例如："shuttle diplomacy"（穿梭外交），"shuttle"指的是织布用的梭子，"diplomacy"意思是"外交"。在此处，采用直译的办法翻译成"穿梭外交"，中国读者很容易就会联想到织布梭子的飞速运转，进而联想到外交的忙碌。

类似的还有"cold war"（冷战）、"crocodile tears"（鳄鱼的眼泪）、"sour grapes"（酸葡萄）等。

2. 意译法

并不是每一个英语典故都可以采用直译法。因为有的时候，如果直译，可能会产生歧义，误导译入语读者或给他们造成理解上的困难。在这种情况下，采用"易其形式，存其精神"的意译法就不失为一种好的办法。意译法可以充分地将原语典故中深刻的文化内涵传达出来，例如：
"先生大名，如雷贯耳。小弟献丑，这是班门弄斧了。"

（吴敬梓《儒林外史》）

译文：Your great fame long since reached my ears like thunder. I am ashamed to display my incompetence before a connoisseur like yourself.

（杨宪益、戴乃迭译）

汉语原句中的"班门弄斧"，意思是"在鲁班门前舞弄斧子，比喻在行家面前卖弄本领，不自量力"。译文中对其采用意译法，译为"display my incompetence before a connoisseur"（在鉴赏家面前展示我的无能），充分地传达出了典故实际的深刻含义，可以说是非常成功的翻译。

类似的还有英语典故"Skeleton in the cupboard/closet"（不可外扬的家丑）。这个典故来历众说纷纭，其中有一个故事是这样说的：从前，人们都觉得自己的生活苦，怀疑天下是不是没有一个真正无忧无虑的人。经过多方寻找，他们终于找到了一个生活看起来非常幸福的女人。这个女人得知来意后，带领众人到她家里，打开橱柜，里面赫然藏着一具骷髅。她告诉大家说：那是她从前一位恋人的骸骨。她丈夫杀死了她这位恋人，把骸骨藏在橱柜里。原来这个幸福的女人也有一本难念的经，只是她一直不告诉外人罢了！后来人们就用"Skeleton in the cupboard/closet"表示"不为外人所知的家丑或者家庭隐私"。

3. 借用法

虽然不同民族的语言文化有非常大的差异，但是从整个人类文化的大背景来看，不同民族的语言文化中也存在着相同或相似的地方。因此，英语和汉语的典故中也有一些形象和意义相同或者相似的表达。在翻译这类典故时，采用套译法是非常不错的选择，例如："Fish in troubled waters"，这一典故来自《伊索寓言》。说的是渔夫在捕鱼时用渔网拦住河道，然后不停地用一根绑着石头的绳子击打河水，使鱼儿在混乱中纷纷跳入渔网，从而收获颇丰。因此，"Fish in troubled waters"有"在混乱中获利"等意思，而这个意思正好和汉语的成语"浑水摸鱼"暗合。

类似的例子还有："walls have ears"（隔墙有耳）、"like father, like son"（有其父必有其子）、"add fuel to the fire"（火上浇油）等。

需要注意的一点是，借用法不能随便使用。在使用之前，译者必须充分了解典故的深层文化内涵及其所具有的褒贬色彩，否则，将会导致翻译的失败甚至引发误会。

（二）汉语典故的翻译

1. 直译法

在翻译汉语典故时采用直译法，就是保留原典故中的形象，根据典故的字面意思进行翻译。这是汉语典故翻译中运用较多的一种方法，例如：惊弓之鸟。

译文：Birds are afraid of the bow.

不入虎穴，焉得虎子。

译文：How can you catch tiger cubs without entering the tiger's lair?

2. 意译法

但并不是所有的汉语典故都适合直译法，有的汉语典故不能直译，只能采用意译。意译主要有两种方法：一是改换形象意译；二是舍弃形象意译。

（1）改换形象意译

一些汉语典故中的形象在英语中找不到对应的形象，在此情况下，就需要采用改换形象进行意译的方法，例如：削足适履。

译文：Stretch on the Procrustean bed.

成语"削足适履"来自于《淮南子》，"夫所以养而害所养，譬犹削足而适履，杀头而便冠"，后人引申出"削足适履"这个成语，比喻不合理地迁就凑合或不顾具体条件，生搬硬套。

英语里"Procrustean bed"意象虽然和汉语里的"削足适履"不是一回事，但他们所要表达的意思却有异曲同工之妙。在希腊神话中，有一个"铁床匪"叫作普洛克路斯忒斯（Procrustes），他招待客人的方式非常独特：他会热情地招待过路的旅客，请他们吃一顿大餐，然后邀请他们在一张特殊的床上过夜，但是他一定要让旅客身材的长短与床的大小丝毫不差。如果客人个子太高，他就用锋利的斧头砍断他们的腿；如果个子太矮，他就把他们的身体拉长。

最后普洛克路斯忒斯自食其果，被英雄忒休斯强迫躺在他自己的床上，由于他自己的身体比床长了一截，于是被砍下了头颅。这个故事非常有名，用以讽刺那些颠倒前因后果的行为。又如：解铃还须系铃人。

译文：Whoever ties the bell around the tiger's neck must untie it.

这妯娌俩，可真是针尖对麦芒了。

（周立波《暴风骤雨》第二部第九章）

译文：These two women are like diamond cutting diamond.

（许孟雄译）

以上例子中，虽然译文中的形象与原文不同，但是表达的本质意义是相同的。

3. 加注法

运用加注法翻译汉语典故就是在保留原典故形象的前提下，添加注释对典故的形象做出说明，以帮助读者更好地理解，例如：穷棒子闹翻身，是八仙过海，各显其能……

（周立波《暴风骤雨》）

The way we poor folks try to emancipate ourselves is just like the way the Eight Fairies（the eight immortals of Taoism in Chinese folklore）crossed the sea each displaying his own talent...

（许孟雄译）

译文将原文中"八仙过海"直译为"the Eight Fairies crossed the sea"，并且对"八仙"添加了注释，从而使读者知道"八仙"是中国古代神话故事当中的人物形象。

4. 释义法

一些汉语典故的文化内涵丰富且深刻，在将其翻译成英语时，需要在保留原典故形象基础上进行释义，以方便译文读者的理解，例如："三个臭皮匠，合成一个诸葛亮"，这就是说，群众有伟大的创造力。

（毛泽东《组织起来》）

"Three cobblers with their wits combined equal Chukeh Liang the master mind."

（外文出版社1965年英文版）

在以上例子中，原文中的"三个臭皮匠，合成一个诸葛亮"是中国人所熟知的用法，"诸葛亮"是中国历史上有名的智者，可以说是家喻户晓，但英美国家的读者就不一定了解他。如果在翻译时，直接采用直译的方法，读者就很难理解其中的含义。因此，译文在保留"Chukeh Liang"这一形象的基础上，添加了"with their wits combined"和"the master mind"这两个词语来进行释义，如此一来，整个译文既生动地传达出了原文的意义，又显得自然流畅。

第六章　跨文化视域下的商务英语翻译策略

随着经济全球化进程的不断加快，国际商务活动越来越频繁，英语作为国际通用语言，在商务活动中发挥着日益重要的作用。本章将针对跨文化视域下的商务英语翻译策略进行探讨，主要内容包括商务英语翻译的重要性与标准、商务英语的语言特征以及跨文化语境下商务英语信函、说明书、广告、合同的具体翻译策略。

第一节　商务英语翻译的重要性与标准

一、商务英语翻译的重要性

在国际商务活动中，翻译的作用是至关重要的，它可以有效地促进不同国家和民族的语言和经济交流，推动国际商务合作的开展，在国际商务交流舞台上发挥越来越重要的作用。

虽然在现代国际商务活动中，从业人员的英语水平和业务素质都比较高，用英语进行一般的国际商务交流也不存在问题，但是，商务英语翻译仍然是必不可少的。主要原因在于：其一，国际商务涉及的专业和学科比较广泛，从业人员虽然英语水平较高，但是对于一些特定学科的知识掌握还十分有限，这就需要专业翻译人员的辅助；其二，商务英语翻译的成功要建立在长期的翻译实践经验基础之上，国际商务从业人员的工作比较繁杂，很难抽出足够的时间和精力进行专门的商务英语有关知识的学习和培训。所以，商务英语翻译是国际商务活动中不可或缺的组成部分。

在当今国际交往越来越频繁的背景下，商务英语翻译对于跨文化互动和交流发挥着越来越重要的作用。它不仅有助于推动国际商务合作的成功，为人们带来物质方面的利益，而且有助于推动不同国家的文化交流和情感交流，促进国际社会的和谐发展。

二、商务英语翻译的标准

在讨论商务英语翻译标准之前，我们需要先弄明白什么是翻译标准。翻译是"把一套语言符号或非语言符号所负载的信息用另一套语言符号或非语言符号准确表达出来的创造性文化活动"①。但如何将这些信息表达出来以及在这个过程中需要遵循什么原则和准绳就是我们特别需要注意的问题。翻译标准一直是翻译研究的核心问题。方梦之认为，翻译标准指的是"翻译活动必须遵循的准绳，是衡量译文质量的尺度，是翻译工作者不断努力以期达到的目标"②。当然，迄今为止，还没有一个大家都认同的标准。在中国，就有辜正坤的翻译标准的多元互补论③；郑海凌的翻译标准"和谐说"④；杨晓荣的翻译标准的"第三种状态"⑤。当然还有我们前面提到的国外的翻译目的论的标准、动态对等标准等，这里就不一一列举。

既然翻译的标准都不统一，那商务英语翻译的标准也就无从谈起。但"翻译标准的厘定是翻译学研究的一个重要环节"⑥。因此，在讨论之前必须有一个大家都认同的标准。商务英语涵盖的内容涉及法律、法规、广告等不同语言形式，有其特殊性和多重性，其翻译标准更不容易制定。在这种情况下，我们认为辜正坤的"翻译标准的多元互补论"更符合商务英语的要求，具有特别重要的意义。

多元互补论认为，翻译标准包括绝对标准（原作）、最高标准（抽象

---

① 游贤育. 文化转向后翻译标准之再思考［J］. 上海翻译，2016（05）：40-44.
② 方梦之. 译学词典［Z］. 上海：上海外语教育出版社，2004：23.
③ 辜正坤. 翻译标准多元互补论［J］. 中国翻译，1989（01）：16-20.
④ 郑海凌. 翻译标准新说：和谐说［J］. 中国翻译，1999（04）：2-6.
⑤ 杨晓荣. 翻译批评导论［M］. 北京：中国对外翻译出版公司，2005：114.
⑥ 谭载喜. 翻译学［M］. 武汉：湖北教育出版社，2000：52.

标准、最佳近似度)、具体标准(分类)①。不管译者水平多么高、或者多么努力,其译文都不可能达到和原文一样的水平(绝对标准),只能努力尽最大可能地接近原文(最高标准);绝对标准是最高标准的标准,最高标准是具体标准的标准。最高标准(最佳近似度)实际就是传统的翻译标准所主张的"忠实"标准。具体标准可以随时随地进行改变,但不能否定或取代最高标准(最佳近似度)。因为最高标准是具体标准的标准,最高标准是"纲",而具体标准只能是"目",最高标准统领整个翻译实践是由翻译的本质属性——语言转换决定的。就是说,不管翻译什么具体文本,忠实于原作是第一原则,其次才可以考虑其他因素,比如文化因素。具体到商务英语翻译实践中,可以制定一个"大标准",然后根据不同的行业文本特点,制定具体的"小标准"②。

(一)语义的忠实性和准确性

跨国经济活动,牵涉至少两个国家和地区。他们之间的信息交流必须及时、完整、准确,否则就会造成国家和地区之间的经济纠纷,甚至是政治冲突。因此,文学翻译可以讲究审美效果,而商务翻译必须讲究客观。这样,商务英语翻译的首要标准便是语义的忠实性和准确性。所谓忠实性,就是要在译文中将原文的信息如实地传达出来,而不能随意改动、增加或删减。也就是说,要保持译文和原文的信息最大限度地等值,信息量最小限度地丢失。译文的忠实性不是对原文语言表达形式方面的忠实,而是对原文信息和风格的忠实。

(二)文体的对等

商务英语翻译的核心标准就是忠实性和准确性。但作为传递信息的载体,文体信息在翻译过程中也是不可忽略的。商务英语涉及不同文体的语言形式,如法律、广告、公文等,不同的语言文体就像不同场合的服饰,反映不同文本的特征。所以,译者必须给予不同文体信息的传递以特别的重视,这个道理就像我们在不同的场合对服饰的要求也不一样。

---

① 辜正坤. 翻译标准多元互补论 [J]. 中国翻译, 1989(01): 16-20.
② 翁凤翔. 论商务英语翻译的4Es标准 [J]. 上海翻译, 2013(01): 34-38.

(三)文化信息的对等

语言是文化的载体,不同语言代表着不同的文化。因此,商务英语翻译者不仅要具备扎实的英汉语言基础知识和翻译技巧,还需要较好地掌握英汉两国的文化知识,只要这样才能做到把翻译当作是跨文化交际中沟通思想的一种手段[①]。

在实际的商务英语翻译实践中,要特别注意文化差异造成的不可译性,例如:名酒"杜康"在中国可谓是家喻户晓,所谓"何以解忧,唯有杜康"(曹操·《短歌行》)。但如果我们直接把它音译成"Dukang",英美国家一般读者可能只知道这是一种酒的名字,很少有人会像中国人一样把它和"名酒""好酒"联系起来,更不可能知道这个商标还是中国历史上赫赫有名酿酒高手的名字。这就造成译文和原文文化信息的不对等。但如果我们用罗马酒神"Bacchus"的名字做"杜康"酒的英文商标,就会使英美国家的人既联想到酿酒高手,也会联想到酒。这样,文化信息就基本做到了对等。

即使做到了以上几点,也并不意味着商务英语翻译一定就达到了终极目的(最高标准)。因为商务文本都是有一定商务目的的,如商务广告的目的是发挥语言的劝说、诱导功能,起到对产品的广告宣传作用;商务合同则是对买卖双方权利义务的约定。如果商务翻译没有达到其商务功能,那这个翻译也就失败了,例如:品牌为"荷花(lotus)"的中国商品在出口到欧美国家时,我们将其翻译成"lotus"毫无问题,因为有的国家也对"荷花"有美好的寓意。但如果该产品出口到日本,继续沿用这个品牌,可能就会适得其反,不仅不会对该产品的销售有促销作用,恐怕还会让日本人反感甚至是厌恶。因为在日本,莲花并没有"出淤泥而不染"的那种高洁的寓意,反而被认为是"下贱"之花,是"丧花",是和死亡以及幽冥世界连在一起的。而日本被称为"樱花之国",樱花"Sakura"在日本有着至高无上的地位,被奉为国花,是爱情与希望的象征。所以,如果将"莲花"翻译成"Sakura",可能就会收到意想不到的效果,达到商务翻译的商

[①] 翁凤翔. 论商务英语翻译的4Es标准[J]. 上海翻译,2013(01):34–38.

务功能。

第二节 商务英语翻译的语言特征

一、商务英语的词汇特点

和小说、散文及诗歌不同，商务英语的文本会使用大量的一般文本不会使用的词汇[①]。

（一）丰富的词汇形式

根据表现形式进行划分，商务英语有论说体、广告体和公文体三种类型。论说体多出现于报告和演讲中，旨在推广商品，因此词汇以书面语为主，比较正式、严谨、专业；广告体主要出现在广告中，词汇形式比较丰富、生动、简洁，偏向口语化和通俗化，鼓动性较强，而且较多地出现口语词、外来词等词汇形式；公文体主要有合同、信函、通知、法律文书等表现形式，词汇以书面语为主，用词正式、规范、严谨、简洁。

（二）大量运用专业缩略语（abbreviation）

商务英语中会使用较多的专业缩略语。缩略语的形成方式多种多样。有的是将多音节词删去后面部分音节而形成的，如photo便是photograph的缩略词；有的是删去前面部分音节而形成的，如chute便是Parachute的缩略词；还有的是删去前后音节，只保留中间部分而形成的缩略词，如flu是influenza的缩略词。在商业活动中，考虑到节奏和效益等原因，工作人员较多地使用专业缩略词，这样一来，不仅工作起来更快速、高效，而且能够有更多的时间面对市场变化，从而采取有效的应对策略。

（三）较多地使用简化词汇

当今时代，世界经济发展进程不断加快，国际商务活动对于速度和效率的要求不断提高。简化词汇的使用不仅可以有效提升工作效率，而且

[①] 杨霖. 商务合同词汇特征及翻译技巧［D］. 北京外国语大学，2017：17.

便于商务合作伙伴的交流和理解。尤其是在商务信函的写作中，简化词汇运用更为频繁，这有效地避免了复杂词汇容易造成拖沓、误解、歧义的问题。所以，在商务英语中，往往较少用到修饰语，在传达出具体意义的基础上，语言能简则简。

二、商务英语的句式特点

商务英语是应用于商务活动中的语言形式，因此，与其他文体相比，商务英语文体在语言上体现出更强的时效性、准确性和逻辑性。从句式方面来看，商务英语句式结构复杂而且规范，具有较高的精确性，也比较固定。

（一）句式简洁，表达准确

商务英语句式简洁的外在表现就是对诸多简单句式的应用，如成分简单的句式、排比句式、较短的复合句式等。除此之外，频繁使用缩略字母也能够体现商务英语简洁的特点，如FYI（for your information），缩略字母不仅应用起来省时省力，理解起来也不会出现错误。当然，这是建立在缩略字母被交际双方广泛认可的基础之上。简洁的句式为商业信息传递带来了很多益处，最显而易见的就是大大提高了信息表达的准确性，交际过程中的一些误解也得到有效避免。

商务英语信函的撰写其实并不难，其中涉及的大多为固定句型与套语，这些可以由对外业务联系的外贸工作人员自行发挥，只要他们在平时的工作中多积累，就能够得心应手地完成商务英语信函的撰写。

（二）较多使用被动句式

与汉语不同，商务英语中较多使用被动句式，这是由商务英语的表达特点决定的。商务英语交际中，信息传递必须准确，对事物的描述必须非常客观，被动句式恰恰能满足这些要求。因为该句式通常使用第三人称进行描述，从而避免给交际对象造成说话人主观臆断的印象。另外，使用第三人称描述还有一个优点，那就是将句子的重点转移到"做什么"和"怎么做"上，而不像一般句式那样，将人们的关注点置于"谁做"上。商务文体的典型特征就是严肃性与庄重性，被动语态最能凸显这些特点，因此大多数商务英语交际者都青睐被动句式的应用，以确保商务信息表达的准确与严密，让交际对象更加信服。

（三）长句、复合句、并列复合句较常见

虽然商务英语具有句式简洁的特点，但这并不影响其长句、复合句乃至并列复合句的使用。简洁句式应用的目的是确保商务交际过程中信息传达的准确性，避免歧义与误解的产生。但是，商务英语本身的精确性与逻辑性又不可避免长句、复合句、并列复合句的使用。以商务英语中最常见的经贸合同为例，其具有不容置疑的法律效果，法律是严谨与庄重的，因此经贸合同的语言在结构上必须足够严密，在表达上必须足够准确，这就导致了大量长句、复合句、并列复合句的使用。客观来说，商务英语中长句的句子结构都很复杂，因此有时一个长句就是一个段落。

三、商务英语的语篇特点

某种意义而言，商务英语的语篇特点是由其语言表达特点决定的，商务信息的传播必须准确，因而商务英语的语篇结构也要做到逻辑上合理，意义上连贯。为了实现这样的语篇结构效果，商务英语有着相对固定的语篇思维模式，即先综合后分析。以下即对商务英语的语篇特点做出详细分析。

（一）标题简洁醒目，多用缩略语

纵观大多数商务英语文本，其标题都非常简洁醒目，让读者一看就能大致知晓文本描述的内容，这样的标题就足够让文本成功大半。当然，仅仅注重简洁醒目是远远不够的，商务英语文本的标题还要做到生动形象，这样才能在一开始就把读者的注意力吸引过来。由此，我们经常会见到以形容词、副词、介词短语等缩略语为主要形式的商务英语文章标题，如"Victory at a price"（付出代价的胜利）。尽管商务英语文本的标题都很简洁，但是依然能够划分为多种类型，如陈述标题、疑问标题等，基于这些不同的标题类型，标题的具体表达中可以加入一些标点符号，如逗号、问号、引号等。

（二）语体规范、正式

商务英语的应用范畴非常广泛，不是简单的经贸交易，各种国际商务活动都需要借助商务英语来完成。在国际商务交际活动中，虽然各方来自不同国家，语言思维与模式也大不相同，但是在商务英语的辅助下，各方交流都能够非常顺利地实现，其中的重要因素就是所用词语的国际通用性。基于此，国际商务英语语体规范、正式的重要性充分体现出来。

当然，最恰当的商务英语语体应当在口语化与正式化之间寻求一个平衡点，过于口语化或者正式化都欠妥，这也成为在商务英语中很少见到"because，about"之类词语的原因。商务英语的应用场合不同，其语体也会随之发生变化，例如，在商务合同中，为了最大限度地保证合同的法律效果，经常使用一些非常正式与冷僻的词语，比如古英语或中古英语词汇，如"hoesoever"（无论如何）、"whatsoever"（任何）、"wheresoever"（无论何地）等；而在普通的商务信函中，虽然也要使用书面语，但是越来越多简洁生动的口语的应用愈发得到认可，交际双方已经能够接受这样的语体。当然，这是建立在不影响信息传达准确性的基础上，久而久之，那些正式词语逐渐被自然化的短小词语所取代。

四、商务英语的修辞特点

（一）委婉

商务沟通中，交际双方为了简单快捷地实现交际目的，所使用的语言通常直来直去，毫不隐晦。不可否认，这样的沟通方式非常高效。但是，由于交际双方来自不同的国家与民族，他们对同一事物的认知与情感表达必然存在差异，那种完全直言不讳的表达方式，即使在信息传达的准确性方面没有问题，也还是有可能会对最终的沟通效果产生负面影响。因此，商务沟通必须适当使用委婉用语。

事实上，委婉语的应用是商务沟通的一种有效技巧，交际者如果直接将商务信息传达给交际对象，这样可能合乎理智，却令交际对象无法在情感上愉悦接受。但如果适当使用委婉语,就为交际对象理解商务信息创造了一个弹性空间,他们可以以自己最舒服的方式理解这些信息。需要注意的是,商务沟通中委婉语的使用必须遵循礼貌原则,用语委婉绝不意味着沟通过程中礼貌程度的降低。交际双方友好合作的关系与交际用语关系密切,因此,委婉语的使用也要以礼貌原则为基础。

（二）夸张

夸张是商务英语中应用频率较高的修辞手法之一,这一修辞手法应用的目的无非是扩大事物特征、增强表达效果。在运用夸张手法时,一定不能脱离事物的本质,而是要在挖掘事物内在特征的基础上,合理应用该修辞手法。在很多人看来,商务英语的语言非常生硬死板,阅读商务英语,完全不能够被其感染。但如果将夸张的修辞手法运用其中,这样的刻板印象必然能够得到改善。

（三）头韵和尾韵

语言极富韵味,这一点在汉语中尤其明显,在英语中也能够看出。头韵和尾韵属于语音层面的修辞手段,从这一层面入手,商务英语文本将会更具韵律美与节奏感。虽然商务英语的使用者都比较专业、严肃,但是他们仍然有着自己的审美情趣,他们对美好的事物也非常向往,和谐悦耳、构思新颖的商务英语文本正是他们所钟爱的,这样的语言不仅阅读起来朗朗上口,理解起来也充满美感。

（四）排比

排比是一种在汉语中经常见到的修辞手法。近年来,商务英语文本中,这种修辞手法出现的频率也越来越高。所谓排比,就是几个词组或者句子并列使用,这些词组或句子必须在意义或者语气上存在相关性,否则,就是为了排比而强行进行的并列使用。需要注意的是,词组或句子在意义或语气上的相关性并不一定体现在表面上,读者阅读它们,可能无法直接感受到其内在联系,但是细细品味,就能强烈感受到其共同或不同之处。商务英语文本不同于其他英语文本,商务英语文本在语言运用上不能拖沓,而要言简意赅;在行文上不能松散,而要节奏感强;在表达效果上不能过于平淡,而要表现力丰富。所以,商务英语文本较为青睐排比这种修辞手法的应用。

委婉、夸张、头韵和尾韵、排比都是商务英语文本中重要的修辞特色，正是在这些修辞手法的润色下，商务沟通才变得更加顺畅，国际商务活动的开展效果才更令人满意。因此，商务英语的学习者与使用者必须积极学习这些修辞手法的运用，从而切实提高国际商务活动的服务水平。

第三节　跨文化语境下影响商务英语翻译的主要因素

一、认知思维的差异

由于各个国家和民族所处的地理环境、人文环境、历史境遇都各不相同，因而形成了各个民族独特的语言习惯、风俗习惯和价值观。而语言是文化的载体，不同的语言自然会蕴含着不同的文化内涵，例如，在中国的文化中，"老鼠"自古以来就代表着"不劳而获""贪得无厌""肆意破坏"等负面的形象，代表词组如："硕鼠、硕鼠，无食我黍""胆小如鼠""鼠目寸光"等就是上面形象的真实写照；而在西方的文化意象中，则是和中国的意象大相径庭，老鼠代表着智慧、坚毅、百折不挠的品格，如在动画片《猫和老鼠（Tom and Jerry）》《精灵鼠小弟（Stuart Little）》中所反映的形象。

同样的意象在"狗"的身上也是一样。在中国传统文化中，狗的形象大多是贬义的，反映在语言上就是一些负面词，如"狗仗人势""狗眼看人低"等；而在西方，狗几乎可以看作是忠诚的代名词，形象几乎都是正面的，如"lucky dog"（幸运儿）"Love me, love my dog"（爱屋及乌）。

中西认知思维的差异还表现在中国注重从整体、从大到小的方式认知事物，更加注重集体的价值；而西方则偏重个体、从小到大，注重个人的价值，比如在说时间的时候，中国人是从年到月、日；而西方则是日、月、年的顺序。

二、风俗习惯的差异

俗话说"十里不同音,百里不同俗"。不同国家、不同民族在一些固定用语、习语等上会出现较大的差异化表达。中西方在生活习惯上的差异最为明显,比如,在中国,朋友聚会话题可能是工作情况、收入多少、婚姻家庭情况等;而在西方,如果直接谈论这些话题,可能给人以不礼貌、侵犯他人隐私的嫌疑。

不同的语言风格也反映了不同的民族性格。中国拥有悠久的农耕文明,对土地、家园有着深厚的感情,所谓"安土重迁"。如果实在不得已离开家乡,叫作"背井离乡"。所以,在古代交通不发达的时候,大部分中国人的生活范围都很小,可能祖祖辈辈都生活在方圆几十里的地方。所以,中国人说话较为内敛,"三思而后行",表现得委婉、温和,以谦虚为美德;在西方,游牧文明有其独特的历史发展,居住地不固定,遇到陌生人需要直接说明来意,说错了也没有什么不好的后果,因为以后可能再也不会见面。所以,西方人说话比较直率,表现得热情奔放。

第四节 跨文化语境下商务英语的翻译策略

一、注重中西方认知思维的差异

在商务英语翻译过程中,必须在了解本国文化的基础上,尽可能地了解对方的文化,在翻译实践过程中注重两种文化间差异和属性,这样才能知己知彼,做到百战不殆。

首先,在词汇层面精确转换。前面说过,商务文本使用的词汇不同于小说、诗歌等,因此,必须根据原文,在充分了解中西文化差异的基础上,采用不同的翻译策略进行解读,例如:英语单词"party",如果我们翻译成日常用语"党(派)、聚会",那就大错特错。在商务文本中,这个单词是"缔约方"的意思。类似的还有:"act"(法案、法令)、

"article"（条、条款）、"paragraph"（款）等。这些词汇是我们耳熟能详的、日常阅读和生活中经常遇见的，但在商务文本中的意思却是大相径庭。如果不假思索地用我们熟知的意思，就十分容易出错。

上面是"熟词生义"现象，除了这种现象，还有前文提到的一些古英语和中古英语词汇用在法律文本中，在此就不作介绍。

值得一提的是，在商务文本中还偏向于使用正式度较高的词汇，以体现合同的严肃性[①]，例如："With regard to, regarding, about, in respect of"都是"关于"的意思，但前面三个都是口语或者一般的书面语言用语，只有后面那个才是正式的法律文本用词。类似的还有"for"和"for the purpose of"。

注重中英文语法层面的对等，并努力做到简洁、严密，例如："Managing Agent" – the Seller or any person or body acting in such capacity in respect of or for the purpose of management of the Property.

译文："代管人"—有能力对"财产"进行管理的卖方或其他任何个人或团体。

在翻译时，译者为了平衡译文的简洁性，将原文结构进行了模糊处理，直接译成了"有能力对'财产'进行管理的"，而不是"与财产管理相关或以管理财产为目的"这一结构[②]。

总之，不管采用直译、意译还是音译或是综合利用各种翻译方法，在弄清基本的词汇涵义后，还要注意两种文化之间的差异，做出精确的翻译。

二、动态顺应文化语境

商务英语翻译者在翻译实践过程中，应以不同的文化语境动态调整翻译策略，根据时间、空间、语境以及语言结构的特征，全面考虑源语语境

[①] 杨霖. 商务合同词汇特征及翻译技巧[D]. 北京：北京外国语大学，2017：19.
[②] 杨霖. 商务合同词汇特征及翻译技巧[D]. 北京：北京外国语大学，2017：19.

和目的,致力于达到商务交际的良好效果。

（一）心理顺应

在翻译过程中,译者要注意源语的风格特点、情感状态、主观意愿等心理因素,保证译语读者能够动态顺应源语作者的心理世界,以有效达到商务交际与互通的目的,使得商务交流活动能够顺利开展。我们以丰田汽车的广告为例。

在进入欧洲市场时,丰田汽车最初所使用的广告语是"Where there is a way, there is a Toyota";在进入中国市场后则更为巧妙地译为"车到山前必有路,有路必有丰田车"[1]。

在初入欧洲市场时,由于丰田品牌的知名度不大,没有被认可,所以广告直接套用了英语谚语"Where there is a will, there is a way",并且巧妙地使用了谐音,把原来谚语里面的"will"变成了"way",激起顾客心里的好奇心,"什么样的车,只要有路就会有?"从而抓住了顾客的眼球,打开了销路。

而在进入中国市场时,他们又故伎重演,广告语变成了"车到山前必有路,有路必有丰田车"。前半句又套用了中国谚语"车到山前必有路,船到桥头自然直。"由此可见,丰田汽车能够精心揣摩目标市场文化语境,摸清潜在客户的心理动态,两条广告语都令人印象深刻,获得了强烈的认同感,从而顺利打入目标市场,获得巨大经济效益。

类似的,三菱汽车进入美国市场时的英语广告词"Not all cars are created equal（并非所有的汽车在被创造时就平等）"也是大同小异。这则广告词套用了美国家喻户晓的名句"All men are created equal（人人生而平等）",在美国成功地打开销路。对美国历史略微了解的人都知道,美国《独立宣言》"中的第一句就是:"All men are created equal",日本广告商巧妙地将men改为cars来突出广告诉求的目标,将原来的肯定句式改为否定句式,暗含了该车优于其他汽车的意思。

在进入中国市场时,这则广告则又被巧妙地译成:"并非所有的汽

---

[1] 李昆澄. 跨文化语境下的商务英语翻译困境与策略[J]. 现代英语,2022(04):53-56.

车都有相同的品质",而不是直译成:"并非所有的汽车在被创造时就平等"。因为,中国的消费者与美国的消费者不同,他们可能并不熟悉美国《独立宣言》中的这句话,对美国人追求"平等、自由"的诉求也没有感同身受。所以如果直译成中文就凸显不出英语原文暗含的让美国人动心的追求"平等"的韵味。但全世界的消费者都关注产品的质量,因此,倒不如意译,突出汽车的品质,以达到吸引顾客的宣传目的。

总之,日本的汽车在世界市场上占有如此大的份额,除了其过硬的品质外,重要原因之一就是他们的广告商极为重视所在国的文化背景,频频在广告中使用所在国的习语,抓住消费者的心理,使之在思想上产生共鸣,从而打开了销路,占领了市场。

(二)社交顺应

不同的国家具有不同的社会文化。这样,作为文化载体的语言和行为自然也会蕴含不同的价值观念、宗教信仰以及思维方式等。因此,译者在进行商务英语翻译时,必须做好心理和文化准备,以规避源语文化与译入语文化之间的冲突,促进商务交流的顺利进行,例如:英语俗语 "To cry up wine and sell vinegar",如果直译成"把酒当醋卖",可能中国读者会莫名其妙。把酒当醋卖?除非傻子才这样干,因为在中国,一般来说,酒要比醋贵。退一步讲,就是你不计成本,就是愿意赔钱把酒当醋卖,如果不是想赚便宜的,谁会傻到本来买醋却买成了酒?

而如果了解中国文化的人,可能立马想到了中国俗语"挂羊头卖狗肉"。这个俗语不但能够更好地动态顺应社交语境,符合社交文化,而且在准确表达原文含义的同时也更易于中国读者理解。

三、根据语境选择合适的翻译策略

在商务英语翻译实践中,是采用直译法、音译法、直(音)译加注法还是意译法,译者应结合实际语境以及格式,结合文化差异,选择最为合适的翻译方式。商务英语翻译者应注意以下几点。

(1)采用变通翻译与词类转换翻译,熟练掌握普通词汇在英语合同中的特殊含义。如上文中提到的一些古英语和中古英语，虽然在我们日常生活中已经不常用，但在法律英语中却是屡见不鲜的。这类词汇除了在日常翻译实践中学习外，翻译工作者还要有意识地学习双语法律文本，牢记这些词语的真正含义，并力求在不同语境下能够根据实际情况做出准确的翻译。

（2）灵活处理英文文本被动语句的翻译问题。一般来说商务合同语言要求特别严谨、语体正式，以防出现漏洞。因此，行文中多使用被动语态；而在中文中，被动句式则使用较少。这样，就给了翻译者一个"捷径"，他们可以在彻底了解并掌握英语和中文差异后，主动将英语的被动句式转换为汉语的主动句或陈述句，使其符合汉语表达习惯。

此外，在翻译过程中，译者还要严格依据缩略词规范进行文本转换；具有足够的语义识解能力来切割、拆解，商务英语经常采用的多元套嵌结构，依据汉语习惯调整语序，确立易于理解且正确的逻辑关系，将次要信息补充到拆分结构中。这里就不一一详细介绍了。

第七章　跨文化视域下的新闻英语翻译策略

随着全球经济一体化不断加深，信息数据传递速度变得越来越迅速，人们在日常生活中提高了对国际新闻的关注度。由于各地语言普遍存在着本土化特点，这就需要在英语新闻翻译中树立跨文化意识，增强不同语言之间的衔接。英语作为一门国际通用语言，对新闻传播有着极大推动作用。翻译作为跨文化信息传播主体，保障翻译的有效性十分重要。基于此，本章在探究新闻英语特点的基础上，对新闻英语词汇翻译、语法翻译、语篇翻译、修辞翻译、标题翻译、消息语翻译以及导语翻译进行了分析。

第一节　新闻英语翻译概述

一、新闻英语翻译的标准

在英语新闻翻译中，包含很多的标准。但是，总体上来说，只要翻译人员能够在准确理解原文的基础上，对新闻的内容进行准确还原，将原文的意思准确表达出来，读者又能清楚地理解就是一次成功的翻译。以下几个标准在翻译的过程中可以参考。

（一）译文意思准确

在翻译新闻英语的过程中，将译文准确地表达出来是最基本的一个标准。由于新闻中包含一些专业术语，在翻译成汉语时，翻译人员需要尤其注意，不能随便地根据表面含义进行翻译，必须根据具体的语境，查找相关的背景，然后根据其准确含义翻译成汉语，例如，"Labour"最基本的含义是"劳动"，但是这个词汇在新闻中使用时表达的意思可能是另外一种，即表达妇女"分娩"的意思。

（二）译文通俗易懂

在新闻英语中，翻译人员除了准确翻译原文的意思之外，还要注意的一点就是，要尽可能地让读者容易理解译文。毕竟翻译过来就是为了给读者阅读的，如果读者理解不了译文的意思，那么新闻英语翻译过来就毫无意义了。

二、新闻英语翻译注意事项

我们都知道，语言和文化是密不可分的。在社会的发展中，文化的进步离不开语言的支持，二者相互促进，共同发展。但由于种种原因，中西方文化存在巨大差异。各种因素的存在，使得文化的交流存在明显的障碍。所以在翻译新闻英语时，译者应该对中西方文化的差异有一个充分的了解，才能最大程度上避免因为文化差异产生误解，造成误读原文的意思。

（一）对语体的把握

对于新闻报道来说，将新发生的事件以最快的速度让大众知晓，这就是新闻的"时效性"。如今，新闻报道的发展十分迅速，随着新闻形式的不断丰富，新闻的语体也发生了很多变化。有些是在现场发回的采访，有些是重要的演讲，还有各种形式的音频、视频、纸媒等的报道、评论。新闻发展到今天，各种正式和非正式、口语与书面体的形式已经结合起来。

因此，译者应当根据所译新闻作品的形式和内容准确把握原文的语体基调，然后用合适的译语把它忠实地再现出来。

（二）对文化因素的正确处理

语言是人类区别于动物的一个重要特征。语言的土壤就是人类社会，其不断从人类社会中吸取营养，并不断丰富和发展。如果离开了具体的人类社会，或者使用这种语言的人不再使用它，这种语言也就离"死亡"不远了，比如中国的"满语"。人类社会总是被划分为具有共同生活区的相对集中的单元，所以，某些语言总是在某些民族的群体里产生。尤其是民族语言，就是在各个民族中衍生出来的，具有民族的社会特征。翻译边界总是与语言边界保持一致。语言特征不仅是物质特征，更是文化特征。

在英语翻译中，各种文化的翻译都需要准确进行，其中用词的准确在英汉翻译中是很重要的，同时译者自身的文化素养也决定了词汇的准确度和丰富度。文化因素从本质上说代表了一种文化符号，它体现了每个国家的智慧和历史。由于地理和历史的不同，不同民族形成的文化因素具有自己独特的意义。因此，在翻译中，明确文化因素所代表的具体含义，才会避免出现翻译失误。

在翻译中，尤其应该注意的是文化因素的特殊指代，如动物因素、植物因素、习语和数字因素等，这些文化因素往往有自己独特的含义，在翻译中需要注意，比如，汉语里面有许多数字开头的习语，如"三心二意"，这些数字一般不应该按字面意思翻译[1]。在新闻英语翻译中，尤其需要注意这种文化因素的处理，毕竟新闻的传播是十分迅速的，如果不能准确地处理新闻中的文化因素，容易造成读者的反感和抵触。

第二节 新闻英语词汇翻译与语法翻译

一、新闻英语词汇的翻译原则

新闻翻译主要功能就是将源语言中的信息用另一种语言传递出去，而且可以使目的语读者在了解新闻信息的同时，受到一些启发或者获得一些审美、文学享受。因此，把握词语的语义是新闻翻译的要点，理解词义是翻译的基础[2]。在翻译过程中，对新闻中的词汇特点需要进行了解，然后有针对性地采取一些翻译策略。

---

[1] 翁凤翔. 论商务英语翻译的4Es标准[J]. 上海翻译，2013（01）：34-38.
[2] 郑连勋，郑堃. 英语新闻用词特征及翻译方法探析[J]. 中国报业，2011（22）：57-58.

（一）新闻词汇的特点

一般来说，新闻英语都具有真实、简洁和生动的特点[①]。具体体现在词汇上，大致有以下特点：

1. 频繁使用借代词

新闻报道的受众面比较广，他们的理解和阅读能力参差不齐，这个时候记者就需要尽量用大家都能听懂的、生动形象的词语来适应公众的阅读和理解能力，借代词也就应运而生。比如，在新闻报道中，经常借用某个国家的首都或比较有名的地点或建筑物来指代这个国家或者是政府机构。比如，用"Washington"来指代美国；用"Fleet Street"来指代英国新闻界[②]；用"Kremlin"来指代俄国政府。

使用借代词的优点是使新闻显得简洁有力、形象生动，并且容易让受众理解。

2. 新词迭出

在新闻报道中使用新词有两个原因：其一，为了追求轰动效果；其二，新生事物不断出现。比如，原先没有"瘦肉精"，自然也就没有"lean meat powder"这个词。随着化工产业的进步，相应地也就出现了"lean meat powder"这个词。

3. 复合词的大量使用

新闻工作者经常用两个或两个以上的普通名词，中间用介词或者连词的连接符号来串联成一个新的词汇，这时这个词汇就变成了形容词。使用这种词汇的目的是使文章变得浅显易懂，容易引起读者的兴趣和注意，从而提高新闻的阅读量。由于这种词汇属于浓缩的结构，还可以节省版面。因此，这种词汇经常被用于报刊英语中。

需要注意的是，复合词不完全等同于上面所说的新词。比如，伴随新生事物出现而出现的词汇只是为了给新事物命名，和追求轰动效果和引起

[①] 王岩. 新闻英语词义的确定及汉译[J]. 新闻爱好者，2011（20）：138-139.

[②] 舰队街是英国伦敦市内一条著名的街道，一直到20世纪80年代舰队街都是传统英国媒体的总部，虽然最后一家英国主要媒体路透社的办公室也在2005年搬离舰队街，但是舰队街依旧是英国媒体的代名词。

读者注意不是一回事。

4. 小词语及缩略语的大量使用

小词语又叫功能词语（function words）或语法词汇（grammatical words），指的是那些音节少、拼写简单，在日常口语和写作中常用的词汇。

小词的优点是更加的生动、灵活，增加新闻报道的简洁性、易读性，最为关键的是可以节约版面。

出于同样的节省时间及版面的需求，新闻中也频繁使用缩略语。比如"APEC"（亚太经济合作组织）、"GDP"（国内生产总值）、"CBD"（中心商业区）等。

（二）新闻词汇的翻译原则

新闻英语词汇作为一种传播媒介，有一定的政治倾向性，代表某个国家或团体的意志和意识形态方面的倾向，有其自身的特点。因此，我们在翻译其本身的普遍性特点时，比如：大众性、趣味性以及节俭性[1]。可以和其他词汇一样，采用直译、意译、直译加注释等方法，这里就不一一介绍。

值得一提的是，新闻媒体作为国家的"喉舌"，翻译时一定要考虑其政治地位和立场，否则会违背事实、误导读者，甚至引发国际误会和纠纷。根据翻译优选论理论（Optimality Theory，简称OT），在此特别强调忠实性原则、政治性原则和完整性原则[2]。

1. 忠实性原则

众所周知，新闻报道有三大原则，它们是：真实性、时效性、导向性，其第一要求就是新闻报道要准确地传播信息，而新闻的信息往往集中在几个关键词语[3]。但由于新闻信息可能涉及政治、经济、科技、体育、娱乐等方面的信息，覆盖面比较广泛，译者不可能对所有领域的词汇都能掌握。所以，新闻翻译必须小心谨慎，切忌自以为是，不懂装懂，必须忠实

---

[1] 王岩. 新闻英语词义的确定及汉译[J]. 新闻爱好者，2011（20）：138-139.
[2] 肖建芳. 新闻英语词汇翻译的优选论分析[J]. 怀化学院学报，2013（04）：90-92.
[3] 肖建芳. 新闻英语词汇翻译的优选论分析[J]. 怀化学院学报，2013（04）：90-92.

于原文,例如:英语单词"Parliament",不管在哪个词典里都有"议会、国会"这一义项;但在新闻里,它却特指英国议会;日本的议会是Diet;以色列的议会是Knesset。

同样的,"the State Council"是"国务院"的意思,但它只是特指中国的国务院;美国的国务院则是"the State Department"。"Prime Minister"或"Premier"一般译为"首相"或"总理",但这个词在新闻报道中则只指英国首相;而德国、奥地利等国的"首相""总理"则应该是"Chancellor"①。

2. 政治性原则

新闻媒体和机构被称为政府的"喉舌",这是因为它们很多就是政府办的或资助的,具有很强的政治立场,比如"Reuters"(路透社)是英国创办最早的通讯社,是英国政府的喉舌;"*New York Times*"(《纽约时报》)是美国严肃刊物的代表,是美国资产阶级的喉舌,为美国政府说话,例如:纽约时报(2008-11-12)的一篇报道中,美国士兵被称为"American soldiers",而伊拉克士兵则为"Assaults""Notorious violent part";自己发射炮弹就是"Barrage",而伊拉克则是"Spaying bullets"。因此,译者在翻译实践中,一定关注其政治立场,而不是只根据字面意思。

3. 完整性原则

新闻报道只是对已经发生的客观事实进行描述,不同于文学创作,为了节省时间和版面,用词能少就少,能简单就简单,尽可能少用或不用形容词或副词。有的时候只用一个单词代表一个意群②。因此,在对新闻英语报道进行翻译的时候,一定要充分理解原文,然后使用各种翻译方法,在忠实于原文的基础上,保持可读性的同时,注意意思的完整性,例如:美国NBA强队BULLs,不能简单译为"公牛",而应译为"芝加哥公牛队"等。

---

① 肖建芳. 新闻英语词汇翻译的优选论分析[J]. 怀化学院学报,2013(04):90-92.
② 方梦之,毛忠明. 应用翻译教程[M]. 上海:上海外语教育出版社,2004:72.

二、对新闻英语句子进行翻译的策略

（一）顺译法

不论是英语还是汉语，大部分句子都是根据时间顺序进行排列的，也有一些句子是按照逻辑意义进行安排的。这样的情况下，我们就会发现，中英文大部分句子的主要句子成分的排序是差不多的。在进行翻译的时候，通常我们可以根据原来句子的排序进行翻译就可以了。比如说：British Prime Minister Tony Blair told the annual conference of his governing Labour Party："There is only one outcome—our victory，not theirs."

译文：英国首相托尼·布莱尔在其任领袖的执政党工党的年度大会上说："战争的结局只有一个：胜利是我们的，而不是他们的。"[1]

我们对句子进行分析可以发现，句子主要的成分不论在英语中还是在汉语中，差不多都是一样的。英语句子是一个主从复合句，这个复合句中涵盖了一个宾语从句，由于英语的表述顺序和汉语的表述顺序是差不多的，所以，我们可以直接使用顺译法来翻译这个句子。这样的话，翻译出来的句子和原来的句子不论在内容上还是形式上都是一致的。

（二）逆译法

当然，英语毕竟和汉语不是一个语系，虽然有一些共同点，但在很多方面还是存在很大差异性的，比如说，词语的顺序、句子的顺序、语篇的顺序。很多英语句子的表述方式和汉语句子的表述方式是不一样的，有的时候甚至是完全相反的。比较明显的一个表现就是复合句，在英语中，复合句的主要句子放在整个句子的开始，也就是我们所说的重心在前面；但是，在汉语中，句子通常都是根据时间或者逻辑上的顺序进行排列的，句子的主要内容放在了整个句子的后面，也就是我们所说的重心在后面。在这样的情况下，我们就需要按照和原来文本完全相反的顺序进行翻译，也就是我们所说的逆向译法。比如说：There are several reasons why he (Kissinger) no longer appears to be the magician the world press had made him

---

[1] 张会霞. 目的论视域下英语新闻汉译研究［D］. 长春：吉林大学，2011：14.

out to be, an illusion which he failed to discourage because, as he would admit himself, he has a tendency toward megalomania.

译文：全世界报界曾经把他（基辛格）渲染成魔术师一般的人物，他也没有阻止人们制造这种错觉，因为他自己也承认有一种自大自狂的倾向。现在，他看来不再像魔术师了，这里有几个原因[①]。

对上面的句子进行分析，发现这个句子是一个复合句，而且这个复合句里面包括很多个从句。我们在进行翻译的时候，先对"the world press had made him out to be"进行了翻译，然后对"an illusion which he failed to discourage"进行了翻译，最后才把主要的句子"there are several reasons"翻译出来。

为什么要这样翻译呢？因为英语和汉语两种语言是不一样的，它们描述事物或者论述事情的时候所使用的方法也是不一样的。很多时候，英语主要是对一些先发生的事情进行论述，但是在汉语中，通常都是先论述先发生的事情，然后再论述后来发生的事情，不然的话，就需要借用一些时间性的词语来对时间的先后顺序进行表述。

第三节　新闻英语语篇与修辞翻译

一、新闻英语语篇的翻译

英语的语篇和汉语的语篇都有自己的特征，我们可以根据它们各自的特点对其进行翻译，通常情况下，可以使用以下几种翻译策略：

（一）省略衔接词

众所周知，英语语篇重视形合，语篇内逻辑显性化和多样化，并且大量使用各种各样的关联词，如关系代词、关系副词等来衔接各个句子，这些关联词可以非常清晰地展现句子与句子之间的各种关系，如：主从关

---

① 李勍. 从功能对等角度探究新闻翻译[D]. 成都：成都理工大学，2009：17.

系、并列关系、因果关系与条件关系等。

在把英语句子翻译成汉语的时候,如果我们毫无保留地把所有的衔接性词都保留下来,句子就有可能显得非常繁琐累赘。因为它不符合汉语的表达习惯,汉语重视意合,没有非常明显的衔接性词语,语篇内逻辑不是很明显,人们主要是根据上下文的理解来解释其逻辑关系。因此,在进行翻译的时候,我们可以根据汉语的表达习惯适当地省略原文中对内容影响不大的关联性词语,使译文显得简洁有力[①],例如:Investigators found that, among 14-year-old who had little trouble getting a good night's rest, those who watched at least 3 hours of television each day were more than twice as likely to have trouble with falling asleep and frequent nighttime waking at age 16 or 22.

译文:调查者发现,在那些晚上可很快入睡的14岁孩子中,如果每日看三个小时以上电视节目的话,他们到16岁或22岁时,比正常人患失眠和梦游症的概率要多两倍。

对这个句子的翻译进行分析,可以发现,汉语的翻译文本把原来英语句子中的两个衔接性的词语"that""who"省略了,这样,句子才符合汉语的语法习惯,并且句子也显得更为流畅。

(二)增加衔接词

汉语和英语的一个重要的区别就是:英语把形合看得非常重要,而汉语更重视意合。汉语是不断发展的,在积极借鉴国外的有益内容后,也逐渐展现出其逻辑清晰的一面。在我们把英语翻译成汉语的过程中,也会存在一些把意合连接变成形合连接的情况。但是,这样的变化相对来说是比较少的,相反,把形合连接变成意合连接的情况多一点。这个时候,我们就需要适当地增加一些衔接性的词语了,例如:Pollution can also be defined as the introduction of substances or energy directly or indirectly by humans into the environment which results in deleterious effects which are harmful to living creatures and natural phenomena, hazardous to human health or that hinder certain

---

① 李静.衔接理论指导下科技英语翻译方法研究[D].北京:中国石油大学(北京),2018:25.

activities.

译文：污染也可指人类将物质或能量直接或间接地引入环境，造成有害影响，这不仅会威胁到生物和自然环境，而且会危害人体健康或妨碍某些活动。

英语原文中"harmful"和"hazardous"是两个近义词，它们一起做"are"的表语，构成语义上的并列关系。因此，在译成中文时，增加了"不仅"和"而且"两个关联词，凸显出语义内部的逻辑关系，成对的关联词更符合汉语的表达习惯，使句子更加清晰流畅[①]。

（三）改变衔接词

通过分析发现，虽然英语和汉语的基本逻辑关系差不多，但即便是这样，它们在逻辑关系上也会存在一些差别，比如说，英语中存在的时间和空间上的关系，在翻译成汉语的时候一般都会表述成原因和结果的关系。所以，在对英语和汉语进行翻译的时候，要根据实际需要对衔接词进行合理地选择，这样才能使翻译出来的文本和人们的语言习惯相符合。比如说：When Mr. Brooder, who had a license to carry a gun, drew his pistol to try to stop the robber, one of them fired a shot that killed him.

译文：布鲁德先生有执照，可以带枪，便拔出枪来想阻止这伙强盗，可是一个家伙一枪把他打死了。

英语句子是一个由时间状语"when"引导的复合句。但是，在翻译成汉语以后，这个句子具有了转折意义，这是根据实际需要所做的调整，在这里，"when"这个表示时间的衔接词被翻译成了汉语的转折连词"可是"[②]。

（四）改变篇章结构

英语语篇和汉语语篇的篇章结构的差异是二者的另外一种差别。英语的语篇通常是直线型的，汉语的语篇通常是螺旋式的。

那么，什么是直线型和螺旋式呢？直线型通常都是先把篇章的中心意

---

① 李静. 衔接理论指导下科技英语翻译方法研究[D]. 北京：中国石油大学（北京），2018：19.

② 吴哲. 功能理论视角下的英语新闻词汇翻译[D]. 长春：吉林财经大学，2012：33.

思表示出来，然后再围绕着中心意思展开论述，前面的内容推动着后面内容的表述。所谓的螺旋式指的是，先把文章的主题表述清楚，然后围绕主题不断进行论证，最后还要回归到主题上面，例如：What the New Yorker would find missing is what many outsiders find oppressive and distasteful about New York——its rawness, tension, urgency, its bracing competitiveness; the rigor of its judgment; and the congested, democratic presence of so many other New Yorkers encased in their own world.

译文：纽约的粗犷、紧张、那种压迫感和催人奋发的竞争性；它的是非观念之严酷无情；纽约市的那种各色人熙熙攘攘，兼容并蓄于各自的天地之中的格局，这一切都使那些非纽约人感到厌恶和窒息；而这一切，又正是纽约人所眷恋的[①]。

这个句子的英语篇章就非常明显地展现了直线型的特点，英语在一开始就把主题展现出来了。翻译成汉语以后，翻译人员把篇章的结构进行了适当的调整，把篇章的主题思想放在了最后，汉语读者读起来就非常方便和舒适。

二、新闻英语修辞的翻译

（一）新闻英语修辞的种类及其翻译

修辞，是一种"说话的艺术"，是一种如何运用最有效的语言表达方式来尽可能地表达思想情感的一种艺术。恰当地运用各种修辞格（figure of speech）可以使语言变得更加具体、形象和生动活泼[②]。我们常用的修辞有明喻（simile）、暗喻（metaphor）、拟人（personification）等，由于上述几种修辞格前面已经说过，我们就不再赘述。这里主要介绍两种不常被提及，但经常使用的修辞格：重言法和转移修饰。

---

① 吴哲. 功能理论视角下的英语新闻词汇翻译［D］. 长春：吉林财经大学，2012：17.
② 唐华. 英语转移修饰语的用法与翻译［J］. 四川师范学院学报，1998（04）：56-59.

1. 重言法及其翻译

重言法（或重名法 hendiadys）是修辞格的一种，是指用"and"连接两个独立的词（这两个词可以是名词、也可以是形容词）以代替一个带修饰词的独立词的惯用组合[①]，例如：用"to look with eyes and envy"代替"to look with envious eyes"；"death and honour"代替"honourable death"；用"nice and warm"代替"nicely warm"等[②]。

重言法主要有两种形式：a：n. +and+n. ; b：adj. +and+adj.

a：n. + and + n.

在这种结构里，"and"两边的名词不是并列关系，而是修饰和被修饰关系，其中一个名词在语义上相当于另一个名词的定语（一般是后一个名词修饰前一个）。在翻译的时候，只需将语义上相当于定语的名词转化为形容词，作定语修饰另一个名字即可，例如："cups and gold"可理解为"golden cups"，意为"金色的杯子"。

需要注意的是，并不是所有的类似结构都是重言法修辞格。当"and"前后的两个名字共用一个冠词时，实际它们指的是一个人或事物。如："The secretary and treasurer"（秘书兼出纳员），可以和"The secretary and the treasurer"（秘书和出纳员）比较一下就会明白其中的区别。

b：adj. + and + adj.

在这种结构里，and前面的形容词相当于其相应的副词或"very"，用来修饰后面的形容词，有"很、挺、非常"的意思，例如：nice and soft=very soft；rare and busy=rarely busy或very busy等。

2. 转移修饰及其翻译

转移修饰（或称移就修饰）（transferred epithet 或hypallage）是一种在中文和英语中常见的修辞格。它的英文定义为"a figure of speech where an epithet（an adjective or descriptive phrase）is transferred from the noun to it

---

[①] 陆谷孙. 英汉大词典［Z］. 上海：上海译文出版社，1989：815.
[②] 赵振春. 英语修辞格"重言"（hendiadys）解码［J］. 外语与外语教学，2005（10）：16–17.

should rightly modify to another to which it does not really apply or belong"①。也就是说，在一个句子中，修饰语不是直接说明所修饰对象的性质、形象或特色，而是转而描述其逻辑上所不能修饰的另一个名词，例如：The Grapes of Wrath（《愤怒的葡萄》）是美国著名作家John Steibeck写的一部著名小说。"wrath（愤怒）"本来是形容那些被骗到美国西部采摘葡萄的采摘工，在这里被转移修饰"葡萄"了。葡萄会愤怒吗？愤怒的应该是那些备受折磨、贫病交加的葡萄园园工。但如果连葡萄都"愤怒"了，是不是说葡萄都对这些人的境况看不下去了？这样就更加形象地表达了该书的主题，烘托了作品的气氛。

转移修饰是一种非常重要的修辞手段。它可以让人们在不同语义之间自由转换：拟人为物、拟物为人、化具体为抽象、化抽象为具体等。这种修辞格具有形象、新颖、简练、生动的特点，一些令人耳目一新的修饰搭配会产生意想不到的语言艺术效果，因而被广泛应用于诗歌、小说、戏剧等。

转移修饰主要有以下几类：本应描述人的词语来描写事物，如"drinking words"（醉话）；"careless days"（无忧无虑的日子）等；描述一事物的词语来描述另一事物，如：He was lying in his golden bed of straw.（他躺在金黄色的稻草床上）。

转移修饰语的翻译要看修饰语和被修饰语之间的具体语义关系。我们知道，转移修饰语的语法非常简单，就是修饰词和名词的关系。但它们的语义关系较为复杂，常用的有两种关系：修饰关系和并列关系。

修饰关系：这是最为常见的一种转移修饰，即修饰语和被修饰语之间从形式到内容都是修饰与被修饰的关系。这种一般采取直译的办法，译成汉语的定中关系，例如：After a happy day, she had a sleepless night.

译文：在度过一个欢乐的一天之后，她又熬过一个不眠之夜。

在这个句子里"day"不能"happy"，"night"也不会"sleepless"，所有的动作都是"she"的行为，但都被拿来修饰非人的事物了。

并列关系：这是修饰语和被修饰语在内容上并列的一种修辞格，译成

---

① 林志萍. 转移修饰语（移就）及其翻译初探 [J]. 宁德师专学报, 2001 (02): 61-63.

汉语时，一般译成联合短语、状中短语或中补短语，例如：Then they crept to the door and took a trembling peep.

译文：他们蹑手蹑脚地走到门口，哆嗦着朝里窥视。

在此处，本来应该修饰"they"的"trembling"被用来修饰说明动作"peep"，译为了状中短语。

第四节　跨文化语境下新闻英语翻译的策略

一、掌握翻译技巧

新闻英语翻译人员在翻译时应当注重技巧和方法，从而实现新闻的高效传播。比如，翻译者在翻译时要使用不同的翻译方法。直译法指的是通过直接明了的方式来进行翻译，让译文变得更加通俗易懂。英语新闻标题大多会采用这一方式。然而，有的时候，翻译者如果只是进行直译，则会使内容产生歧义或者给读者带来一些困惑。此时，意译法比较重要。一些具有隐含信息的新闻标题，意译会让读者更加清晰地了解其来龙去脉，甚至隐含蕴意，比如，下面这则新闻："Autumn leaves falling"，其主要传达的信息为英国经济面临着巨大的危机。读到这则新闻信息时，相关翻译工作者不应按照字面上的意思来理解，而是要从更深的层次出发，将落叶和萧条情境联系起来，让读者了解其真正的写作主旨是预示英国经济的萧条，而不是"秋天的落叶"。

此外，由于各国的文化背景、历史文化和民族风俗等不同，直译法可能无法完全准确地传递信息，这时也可以采用意译法。意译法指的是在原来语言和目标语言存在较大的文化差异的背景下，翻译者不再对文字按照逐字逐句的方式进行翻译，而是从原文的大意出发来翻译。这种翻译的方法能够有效地补充信息时代造成的信息鸿沟。

二、注重对习语意向的转换

所谓习语就是指人们在运用语言进行交流时，会使用的一些精辟的固定词语。这是一种约定俗成的语言沟通和交流的方式。新闻英语翻译也不乏一些习语。对此，新闻翻译工作者在工作中，不能仅从词语字面意思出发来进行翻译，而要将西方的习语进行有效转变，从而提高新闻翻译的精确度。

三、正确认识词汇特点

在一些新闻英语报道中，人们会经常使用一些词汇来叙述或表达某一件事。一些词汇由于长期在特定的环境下使用，便具有了特定的含义，成为一种具备公认新闻报道系统中的语言，比如，"horror"这个单词在英语新闻报道中出现的频率较高，且大多出现在标题中主要是指某一个暴力的事件，夸张的用法为"Campus shooting horror：4 die"。

除此之外，在英语的新闻翻译中，有一些常用的小词语，这些单词虽然较为简单，但由于其容易记忆的特点，能够快速传播，如"move"指代的是"plan"（计划）；"fake"指代的是"counterfeit"（伪造）等。这些单词的使用，让信息获得了大范围的传播，提高了受众的接受能力。

四、结合特定的语境（context）

许多英文单词并不是只有一个意思，而是存在着一个单词多个意思的现象。因此，在翻译一词多义的单词时，翻译者不能想当然地翻译，而要结合当时的语境进行翻译。所谓语境，指的是结合语言的使用环境和联系上下文的意思。翻译者在进行翻译时，应当结合语言的上下文对单词进行全面分析，了解其在新闻材料中的具体意思，从而在保持句子整体意思的基础上，避免读者产生歧义。

五、把握背景进行翻译

一些国际化的赛事项目需要进行英语直播，由于参与国家来自世界各地，且数量较多，这就需要进行英语翻译。但每一个国家由于受地理环境、历史等因素的影响，在文化背景方面存在着较大的差异性。为此，相关工作者需要提前了解各个国家的文化背景，例如：The company got off to a flying start when it opened to business; we got three big orders during the first week of opening.

译文：公司迎来了开门红，开业第一周就接了三个大单。

在这个句子中，"a flying start"是比赛时使用的语言，一般用于快艇、汽车赛事等方面。我们知道，快艇、汽车比赛在比赛的时候，启动的速度至关重要，这时的速度也被叫作"助跑形式"，后来几经发展，具有了新的含义，即"开门红"。

六、对热点词汇进行转化

在信息技术迅猛发展的时代，新技术和新事物层出不穷，这些新技术极大地改变了人们的生活。人们为了沟通方便，常常会将两个单词结合起来，这样便会构成一个新词。混词也由此而生，并借助互联网这一渠道迅速传播到世界各地。新闻是信息传播的前哨，对一些新的词汇和信息有着较高的敏感度，使用新兴词汇的频率较高。因此，有人将其称为"网红英语"。这一"新"的语言具有一些新的特征，如简洁性、生动性等，主要是源于人们的生活。翻译工作者在对网红英语进行翻译时，应当结合该国的国情进行有效的转化，从而使译文的内容更加精确和凝练，比如，"DINK"是"double income no kids"的缩写，"丁克"之意，是说夫妇都有工作，但不要孩子；"FLOTUS"是"First Lady of the United States"的缩写，是美国"第一夫人"之意。

第八章　跨文化视域下的英语文学翻译策略

文学翻译活动不仅仅是把文学作品用另外一种语言进行表达和传递的一种活动，它还承担着两种文化的交流和融合。因为文学翻译传递的内容既包含文学作品的思想也包含其写作风格和文化，因此，有人认为文学翻译是最具难度的一种翻译[①]。译者在翻译英语文学作品时，应当采用适当的翻译策略。本章主要从文学翻译的价值与标准、英语文学翻译中的文化传递、英语文学翻译中的文化缺省、文化缺省补偿策略这几个方面来分析和探讨跨文化视域下的英语文学翻译策略。

第一节　文学翻译的价值与标准

一、文学翻译的价值

（一）英语文学翻译中的美学价值

1. 传达美学之感，彰显美学价值

与其他艺术形式一样，英语文学翻译也是译者通过翻译优秀文学作品中的文字来体现其艺术的美感和感染力。众所周知，文学作品包括很多不同的体裁，如小说、诗歌、戏剧等，然而体裁不同的文学作品其实有很多相似之处。英语文学翻译的美学价值体现在译者对不同的文学作品翻译所体现的风格和感受。

---

① 王文婧. 论文学翻译中的文化差异［J］. 齐齐哈尔大学学报（哲学社会科学版），2006（01）：141-143.

2. 突出形象传达，彰显艺术特色

通常，作家创作文学作品的主要目的就是通过虚构一定的人物形象来反映一定的社会现象或者社会现实。而译者在对其进行翻译时都会在原文的基础上根据自身的能力以及特色对作品进行二度创作。不同的译者具有不同的翻译风格和技巧，因而翻译的作品就能体现不同的美学价值，例如，有一些译者喜欢在翻译文学作品时加入自己的感受和理解；还有一些译者喜欢挖掘作品的亮点，创新翻译的方式，而不去理会自己的译文是否符合原文的思想。总之，不同的译者具有不同的翻译风格，从而独显艺术的特色。

3. 发挥译入语优势，传达原文风采

通常文学作品在创作的过程中都会受一些因素的限制，如作者的生存环境、文化修养等，因而不同的作家具有不同的创作风格，他们的文学作品无论是在语言表达上还是思想内容方面都具有自己的特色。译者翻译的文学作品往往会被各种不同类型的读者阅读，这就要求译者在翻译时，一定要发挥译入语的优势，再现和传达原文的风采，从而使译文更加优美和自然。

（二）英语文学翻译中的情感价值

在伦理学界的研究中，人们已经取得一种共识，那就是价值也是一种情感。其实在古希腊时期，当时的著名学者亚里士多德就曾经指出，"美德即知识"是不正确的，亚里士多德认为苏格拉底的这个观念不全面，它忽视了人类智慧中的"非理性"部分。亚里士多德强调"道德价值"也是一种情绪和情感。

正是这些学者的看法和理念不断把"善"也就是价值不断推向了情感化的方向。随着时间的推移和理论的完善，在情感主义伦理学的研究范畴中，学者们不断丰富完善着"价值的情感化"这个观点。在这一时期，很多学者提出了他们的观点，如休谟曾经指出，人在日常生活中通常都会有很多种不同的行为、很多种不同的情绪以及很多种不同的品格，人们在生活中判断这些行为、情绪以及品格的性质时，即判断它们是善良的还是恶劣的时候，判断标准是自己的感觉，即人们在遇到这些行为或者情绪时是

否有快乐的感觉或者不快乐的感觉。

在哲学家罗素的观点中,"内在价值"是和每个人的心理感受密切相关的,他曾经指出,"内在价值"的定义应该是人们在体验中所希望的一种心灵的特性。罗素把人的情绪、情感、人的一种赞成的情绪以及享受和满足的感觉等内容都加入"内在价值"的定义中,使"内在价值"的定义不断丰富。然而学者石里克认为评价应该是真实的心理感受[①]。他的观点非常具有挑战性,他甚至提出伦理学这门学科就不该是一门独立的学科,应该把伦理学这门学科归并到心理学这门学科中,因而他指出,道德纯粹是一个心理学的事情。这些观点和研究指出了价值的情感本质,使人们逐渐明白,价值本身并不是一个实体物质,它是一种心理的状态,是一种人类固有的情感。

从另外一个方面进行分析,翻译价值的情感本质一定会不自主地指向主体间性。众所周知,在翻译的具体实践中,译者一定会遇到一些实际的交际性问题,因而就会在同一个交际范围中出现多个不同的行为主体。这些行为主体相互摩擦、碰撞和调整,最终达到了一种相对平衡的状态,从而形成各种主体间的关系。在评价者的评价中,他们就产生了一定的价值。在这个具体的评价过程中,不管是什么样的评价话语,最终的评价重点都会落到主体间的关系上。

其实,在任何的翻译评价话语中,人们都会直接或者间接地讨论主体间的关系,而且是非常具有针对性地开展讨论。即使在一些表面看起来并不指向任何行为主体的话语评价,其实也是有针对性地分析了主体间的关系,例如,有一些评价者指出,他们只是客观地根据译者的译本进行评价,并不分析和讨论人际关系。然而,事实是,当这些人开始他们的评价话语时,他们实际上就已经开始把价值寄托在一定的人际关系中。也就是说,他们在评价某个译者的译本质量时,其评价已经涉及主体间性,当评价者在评价译本是否"忠实"于原著时,其实他就是在评价译者与原作者的关系。而当评价者在评价译本的翻译是否"通顺"时,其实他就是在评

---

① [德]石里克. 伦理学问题[M]. 孙美堂,译. 北京:华夏出版社,2001:89.

价译者与译文读者的关系等。只是在具体的评价过程中，评价者并没有完全意识到这些问题。其实就算是一句非常简单的评价语，如"这篇文章翻译的真不错"，这里面也涉及译者与原作者以及读者之间的关系。

总之，从本质上进行分析，文学翻译的价值就是一种针对主体间性的适当情感，当不同的行为主体相遇，即主体间相遇，他们彼此就会构成一定的关系，从而使评价者根据译本进行评价，产生适宜的感觉，最终形成价值。

二、文学翻译的标准

文学翻译是一个比较庞大的系统，涉及的因素非常多，包括原作者、原作、译者、译作、译作读者、原语文化、译语文化等诸多因素。译者对于文学翻译标准的认识建立在对文学翻译各种要素相互关系认识的基础之上，这些关系包括原作作者与译者的关系、原作与译作的关系、原语文化与译语文化的关系、译者与译作读者的关系等。在文学翻译过程中，译者应当将不同国家的文化和语言置于平等的地位看待，无论是原作、原作作者、原语文化；还是译作、译作作者、译作文化的地位都是平等的，译者不能依据自己的主观好恶对原语、原语作者和原语文化采取歧视的态度。只有在此认识的基础上，译者才能在翻译中处理好各种关系，将原作中的信息更全面、准确、自然地传递到译文之中。

文学翻译的过程也是一个译者进行艺术再创造的过程，但是这种再创造不能完全依赖译者的主观思维，而是要受到原作的制约。在文学翻译的过程中，译者应当严格遵循原作者的艺术原则，将原作中的信息忠实准确地传达到译文之中。然而，由于译者与原作作者之间往往会存在较多的文化差异，无论是生活经历、思维方式，还是价值取向、宗教信仰等都各不相同，这就必然导致译者在理解原作时会产生一些个性化的解读，所以在翻译时就不可避免地产生对原作的偏离。

除此之外，原语语言文化和译语语言文化之间也存在比较多的差异，这就导致译者在翻译的过程中很难将原作的信息完全忠实地传达到译作中。由于受到这些因素的影响，译者在进行文学翻译的时候，能够做到的是对原语文化和原作的相对忠实，而不是绝对忠实。但是，译者应当尽自己最大努力，在灵活处理的同时做到对原作最大程度的忠实。

第二节　英语文学翻译中的文化传递

一、翻译中的文化传递

翻译实际上是两种文化进行交流的活动。若要实现成功的翻译，熟练掌握两种语言固然重要；但是，熟悉两种文化，了解源语、译入语民族的文化，包括其政治、经济、历史、风俗习惯等更为重要。这是因为，语言中的词汇、语句只有置于特定的文化背景中才会产生具体的文化意象，例如，"龙"的文化意象在中国是不言而喻的，浓缩了中华民族几千年文化，是中华民族的精神象征。①在汉语中和"龙"字有关的话语几乎都是美好的，带有赞赏意味的，比如："龙马精神""龙飞凤舞"等；而在西方，"dragon（龙）"的形象则是长着翅膀，嘴里喷火的怪兽。如果把我们自称的"龙的传人"直接译为"descendants of the dragon"，西方人可能会大吃一惊，中国人自称是"魔鬼的后代"？

因此，要做好英语文学翻译，就必须将中国文化与西方文化有机地结合在一起，真正熟悉两种文化，将语言的翻译置于文化的背景之下。否则，离开了文化背景，语言交流也就不具备实际的意义。

通常情况下，关于文化的定义是从文化的非物质属性出发的。但是，值得注意的是，文化也是具备物质属性的，很多文化上的差异正是自然环境的差异所造成的，例如，在汉语词汇中出现较频繁的数字"三、五、八、九"等，常被用来表示数量之多，如"三年五载""三番五次""八

---

① 吕韶钧，彭芳. 舞龙习俗的文化认同与铸牢中华民族共同体意识的内生逻辑［J］. 北京体育大学学报，2022（09）：55-64.

面玲珑""九牛一毛""九霄云外"等。但是,西方人在表达数量多的时候,通常会在整百整千的数字的后面加上"one",如a thousand and one ways to help(千方百计),one hundred and one thanks(千恩万谢)。由此可见,无论是在汉语中还是在英语中,简单的数字往往蕴含着深刻的文化内涵。但是由于文化背景的差异,中国人和西方人对于数字的感知取向也存在差异,这就导致数字的运用上呈现出诸多不同之处。

此外,来自不同文化背景的人在面对同一个词汇时,也往往会产生不同的理解和不同的联想。以"breakfast"(早餐)这个词汇为例,西方人看到这个词汇,脑海中很自然地会联想到面包、牛奶、咖啡等早餐中经常会吃到的食物;而中国人看到这个词汇时,脑海里联想到的则是稀饭、包子、油条等食物。这是因为西方人和中国人的饮食习惯和饮食文化存在差异,思维上自然受到了约束,语言上也就有了我们看到的差异。又如,"statesman"和"politician"这两个词汇,在中文中的字面意思都是"政治家"。但是,在西方人眼里,这两个词的感情色彩是有很大差异的,"politician"常常被用来指玩弄权术的"政客",具有贬义色彩。由此可见,译者在翻译的过程中,会遇到形形色色的问题,对于这些问题的处理恰当与否,将直接影响文化传递的效果。因此,译者必须在熟悉两种语言的同时,还要熟悉两种文化及其他们的之间的差异,并学会灵活处理,不仅做跨语言的桥梁,也做跨文化的桥梁[1],最大程度地实现文化传递的目的。

二、文化传递的策略

(一)译者要具有深厚的文化底蕴和文化意识

语言不仅仅是一个交流的工具,更重要的是作为一种文化的载体,没有什么比语言更能表现出文化的方方面面,只有很好地了解语言所承载的

---

[1] 贾玉新. 跨文化交际学[M]. 上海:上海外语教育出版社,1997:185.

文化才算真正掌握这门语言①。在文学翻译实践中，译者会遇到诸多语言方面的障碍，实际上，语言方面的障碍比较容易解决，真正难以解决的是语言所承载的文化。由于文学包罗万象，覆盖了社会生活的方方面面，所以相对其他形式，文化差异给翻译实践造成的困难更为复杂。

（二）采用灵活的翻译手法

因为文学作品是在不同的文化背景下产生的，所以不同作品必然会存在一定的文化差异。文学作品会涉及非常广泛的文化和知识，翻译中经常会出现两种语言语义不对应或者不能完全对应的情况。在这种情况下，译者应该根据实际情况，灵活选择是直译还是意译，还是直译加注释等策略和方法。

不管是选用直译还是意译，都有其好处。直译的好处在于可以保留源语的文化色彩和生动形象的意象，让译入语读者领略异域风情；意译的好处在于在忠实于源语内容和风格的同时，可以发挥汉语的优势进行再创作，更加传神地传达出原文的精神风貌②。

我们可以用美国电影《Waterloo Bridge》片名的翻译为例。如果采用直译的方法把它翻译为"滑铁卢桥"，中国的观众可能会误以为这部电影是关于拿破仑的故事，因为拿破仑在Waterloo惨败的故事相当于三国名将关羽"走麦城"，在中国早已经家喻户晓。但事实上，这部电影讲述的是一个非常感人的爱情故事。因而译者将其译作《魂断蓝桥》，这样一来，观众在看到片名的时候就能大概知道这是一部以爱情故事为题材的电影。

第三节 英语文学翻译中的文化缺陷

20世纪80年代翻译研究进入"文化转向"以来，源语和译入语之间天然存在的巨大文化差异使人们对翻译的复杂本质有了更深刻的认识，进而

---

① 司马云杰. 文化社会学［M］. 济南：山东人民出版社，1986：78.
② 王文婧. 论文学翻译中的文化差异［J］. 齐齐哈尔大学学报（哲学社会科学版），2006（01）：141-143.

认识到翻译虽然可行，但有限度①。这种限度很大程度上来源于文学创作过程中的缺省（default）。缺省包括情景缺省、语境缺省和文化缺省。篇幅所限，我们只讨论文化缺省。

一、文化缺省的定义

文化缺省，指的是文学作品的"作者与意向读者交流时双方共有的相关文化背景知识的省略，是一种具有鲜明文化特性的交际现象，是某一特定文化内部运动的结果"②。由于和源语作者享有共同的文化背景和知识，源语读者可以毫无障碍地解决文化缺省问题，通过隐没的共同知识了解作者的真实意图和情感，从而提高交际效率。但是，在跨文化交际活动中，源语的文化缺省干扰了跨文化信息传递，因为译入语读者并非原文作者锚定的目标读者，也没有和源语读者一样的文化背景，也就难以理解文化缺省后译语的文化内涵，甚至出现百思不得其解的尴尬体验。因此，源语的文化缺省对译者和译文读者来说都是一个非常巨大的挑战。

二、文化缺省翻译补偿策略

源语文化的文化缺省干扰了跨文化的文化传递，因此作为原文作者和译文读者之间中介的译者就必须考虑如何才能最大限度地缩小这种文化差异及由此带来的文化差异现象，以达到顺利的跨文化交流。经常被采用的策略有：直译法、意译法、增词法、替换法、归化法、异化法、删除法、加注法、增益法等。在以前的篇章中我们已经介绍过直译法、意译法、增词法、替换法、归化法、异化法、删除法等，这里只介绍加注法和增益法。

---

① 李先进. 关联理论视角下的文化缺省及翻译策略［J］. 外国语文，2013（03）：112-116.
② 王东风. 文化缺省与翻译补偿［M］. 北京：中国对外出版翻译公司，2003：163.

（一）加注法

加注法是（包括脚注和尾注等）译者在翻译的过程中将有可能给译文读者造成困惑的文化缺省信息用注解的形式加以阐释和说明，从严格意义上来说这不是一种译法[①]。在翻译实践中，译者必须在充分理解原文的基础上，弄明白原文作者为什么会使用文化缺省以及文化缺省想要达成的艺术动机和目的。只有这样，才能选择合适的策略对文化缺省进行补偿。加注法可以有效保留源语文化的文化意象，再现源语语言特色、艺术风格及美学价值，并且可以让译文读者了解和领略原汁原味的源语文化，比如，翻译家张若谷在翻译《德伯家的苔丝》时，就用大段大段的注释介绍了很多基督教的知识和风俗习惯，让中国读者在欣赏作品的同时对基督教也有了一定的了解。

如果在刻画人物或阐明文章主题时，作者采用了某些形象化词语或历史典故的文化背景知识，那么译者在补偿文化缺省时就可以采用"直译加注"（literal translation with a footnote or an endnote）的方法，从而更好地把原作品的美学价值以及作者深层的艺术动机传达出来。与此同时，通过这些注释还能让译文的读者理解原作的真正用意，从而将上下文联系起来，使阅读过程更加顺畅。在这种情况下，如果采用的是其他补偿方法，那么就可能无法将原文的隐含意义传递出来，甚至会造成意义的扭曲，例如：宝玉又问表字。黛玉道："无字"。宝玉笑道"我送妹妹一妙字，莫若'颦颦'二字极妙。"

（曹雪芹：《红楼梦》）

译文："And your courtesy name？"

"I have none．"

"I'll give you one then．"he proposed with a chuckle． "What could be better than Pin-Pin？"

（杨宪益、戴乃迭译）

这一段话涉及一个在中国家喻户晓的典故。句中的"颦颦"是春秋时

[①] 李先进．关联理论视角下的文化缺省及翻译策略[J]．外国语文，2013（03）：112-116．

期美女西施的别名,西施即使在生病皱眉的时候,也美貌依旧。由于中国的读者熟悉这一典故,从而不影响对原作的理解。然而西方读者对这一典故则不是很了解,很有可能忽略了作者的艺术动机。实际上,在这里宝玉将"颦颦"二字送给黛玉,是想说黛玉有和西施一般的美貌,但也和西施一样,身体虚弱,通过分析我们就明白了宝玉这句话的深层含义。而这些会话隐含的含义正是作者的艺术动机。在这个例子中,"直译加注"应是译者所采用的最佳方法,不仅将原文的含蓄效果保留了下来,又体现了作者的艺术创造。

又如:

I look at the sunlight coming in at the open door rough the porch, and there I saw a stray sheep–I don't mean a sinner, but mutton–half making his mind to come into the church.

(狄更斯:《大卫·科波菲尔》)

译文:那里有一头迷路的羊——我所指的不是罪人,是羊肉的羊——颇有进入教堂的意思。

(董秋斯译)

在这一例句中,狄更斯通过双关语的运用营造了一定的幽默效果。在西方,"sheep"不仅指羊这种动物,它还有一个意思,即基督教中的"罪人"(sinner)。在翻译该句时,译者就运用了"直译加注"的方法,既让译文读者明白了其中的内涵,又体现了作者的艺术动机。

(二)增益法

增益法(contextual amplification)指的是在译入语之中对那些被原文读者视作当然,但译入语读者却不理解的地方做出明示。该方法既能够对译入语读者的文化缺省进行补偿,又能够更好地将原文的文化意象保留下来。译者在翻译时直接把有利于译入语读者理解原文的文化背景知识融入译作中,从而让译入语读者能够直接通过阅读译作就能够快速地理解文本,使译入语读者的阅读更加连贯和顺畅,不会因文化背景因素而影响到阅读的惯性。

当然该方法也有一定的局限,比如,它无法完整地表现出原文的艺术表现方式,并且因为填补了原文的"空白"而打破了译入语读者的想象空间。所以,译者应该根据实际情况谨慎运用该法。如果翻译过程中连贯理解原文所需的文化信息较少,那么考虑到译文的流畅和清晰,译者就可以恰当使用该法。比如:"怎么?到底年轻人不知道随时随地留意。嗳,阿驹,你现在是党老爷了,地面上的情形一点不熟悉,你这党老爷怎么干得下去呀!"

(茅盾:《子夜》)

译文:"You don't know. Naturally a young man doesn't bother his head about such things. But now: you are a party man--one of the elite! If you are going to do your job properly, you must get to know about local conditions."

(许孟雄、A. C. Barnes译)

又如:

Phoebe Ann was thin and black, a very umbrella of a woman.

译文:安娜是一个又瘦又黑的女人,上身粗大,下身细长。简直像一把雨伞。

该例中,译者运用"增益"的方法来解释"a very umbrella of a woman":上身粗大,下身细长,简直像一把雨伞。

参考文献

［1］白靖宇．文化与翻译（修订版）［M］．北京：中国社会科学出版社，2010．

［2］白雅，岳夕茜．语言与语言学研究［M］．昆明：云南大学出版社，2010．

［3］包惠南．文化语境与翻译［M］．北京：中国对外翻译出版公司，2001．

［4］方梦之．应用翻译研究：原理、策略与技巧［M］．上海：上海外语教育出版社，2013．

［5］方梦之，毛忠明．应用翻译教程［M］．上海：上海外语教育出版社，2004．

［6］关世杰．跨文化交流学：提高涉外交流能力的学问［M］．北京：北京大学出版社，1995．

［7］胡适．胡适文集（第3卷）［M］．北京：北京大学出版社，1998．

［8］胡文仲．超越文化的屏障：胡文仲比较文化论集（修订版）［M］．北京：外语教学与研究出版社，2004．

［9］胡文仲．跨文化交际面面观［M］．北京：外语教学与研究出版社，1999．

［10］胡文仲．跨文化交际学概论［M］．北京：外语教学与研究出版社，1999．

［11］胡壮麟．语篇的衔接与连贯［M］．上海：上海外语教育出版社，1994．

［12］贾玉新．跨文化交际学［M］．上海：上海外语教育出版社，

1997.

［13］连淑能．英汉对比研究（增订本）［M］．北京：高等教育出版社，2010．

［14］刘和平．释意学派口笔译理论［M］．北京：中国对外翻译出版公司，2001．

［15］刘宓庆．当代翻译理论［M］．北京：中国对外翻译出版公司，1999．

［16］刘文军．跨文化交际及其人才培养策略［M］．长春：吉林人民出版社，2022．

［17］［英］罗素．伦理学和政治学中的人类社会［M］．肖巍译．北京：中国社会科学出版社，1992．

［18］彭晶艳．归化与异化应促成翻译和跨文化交流的双赢［D］．南宁：广西大学，2006．

［19］［德］石里克．伦理学问题［M］．孙美堂译．北京：华夏出版社，2001．

［20］［荷］斯宾诺莎．伦理学［M］．贺麟译．北京：商务印书馆，1997．

［21］司马云杰．文化社会学［M］．济南：山东人民出版社，1986．

［22］谭载喜．翻译学［M］．武汉：湖北教育出版社，2000．

［23］王秉钦．文化翻译学——文化翻译理论与实践（第2版）［M］．天津：南开大学出版社，2007．

［24］王东风．文化缺省与翻译补偿［M］．北京：中国对外出版翻译公司，2003．

［25］魏在江．英汉语篇连贯认知对比研究［M］．上海：复旦大学出版社，2007．

［26］武锐．翻译理论探索［M］．南京：东南大学出版社，2010．

［27］邢福义．文化语言学［M］．武汉：湖北教育出版社，2000．

［28］［英］休谟．人性论［M］．关文运译．北京：商务印书馆，2009．

［29］许国璋. 许国璋论语言［M］. 北京：外语教学与研究出版社，1999.

［30］许钧，穆雷. 翻译学概论［M］. 南京：译林出版社，2009.

［31］杨晓荣. 翻译批评导论［M］. 北京：中国对外翻译出版公司，2005.

［32］张笛. 汉语儿童句末语气词获得研究［M］. 北京：新华出版社，2019.

［33］张培基. 习语汉译英研究［M］. 北京：商务印书馆，2001.

［34］张培基，喻云根等. 英汉翻译教程［M］. 上海：上海外语教育出版社，1983.

［35］赵明. 语际翻译与文化交融：汉英互译的理论与实践［M］. 徐州：中国矿业大学出版社，2003.

［36］朱永生，郑立信，苗兴伟. 英汉语篇衔接手段对比研究［M］. 上海：上海外语教育出版社，2001.

［37］庄锡昌. 多维视野中的文化理论［M］. 杭州：浙江人民出版社，1987.